JN299304

認知症高齢者と
介護者支援

中山慎吾 著

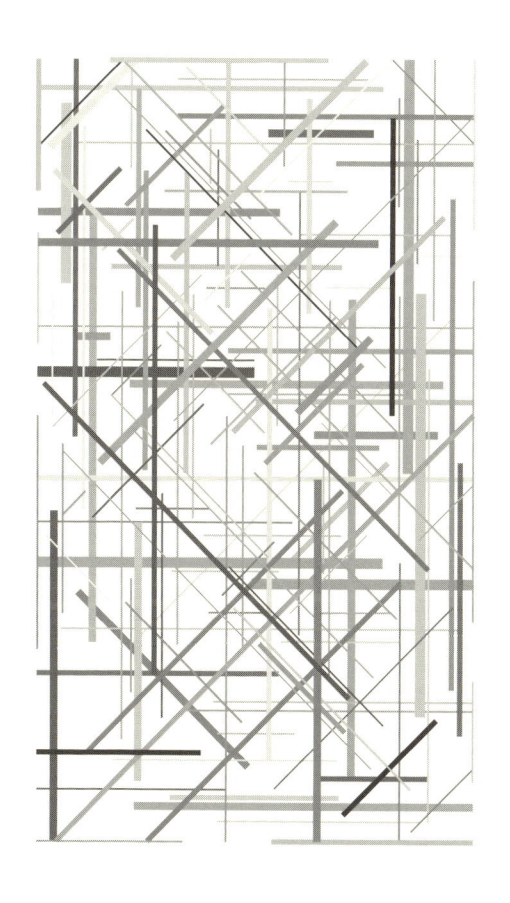

法律文化社

はしがき

　認知症高齢者を介護する人々への支援のあり方が，本書のテーマである。介護者には，家族介護者とサービス従事者の両方が含まれる。アメリカにおける研究と実践を検討し，現在の日本への示唆を考察する。

　本書においては，介護者支援のなかでも，とくに心理・教育的な支援に注目する。それは，介護者が自分で介護の悩みを解決し，肯定的感情とともに生活を送ることができるための"後押し"をする支援だからである。

　本書は研究書という性格をもつが，現場で介護者支援に関わる方々にも役に立ちうる内容を含んでいる。また，現に介護を行っている家族介護者やサービス従事者の方々にも，少しでも参考になればと思う。

　高齢者ケアや認知症ケアは学際的な研究の場でもある。看護学，医学，心理学，ソーシャルワーク，社会学などの学問領域が関わっている。本書で重視する行動分析や活動理論は，どの領域でも活用しうるものである。学際的な研究と実践の進展に筆者もほんの少しでも関わることができたら，という希望をもっている。

　2002年7月から1年間，セントルイス・ワシントン大学で研究の機会を得た。英語が得意とはいえない筆者だが，多くの先生方のご厚意のおかげで刺激に富む海外研修となった。自分の目で見，肌で感じ，耳で聴くことは，やはり大切なことだと思う。その経験は，文献を読んで理解したり考えたりすることにも役立った。

　海外研修の期間に，ミズーリ大学のステッフェン教授を訪ねた。ご自身の研究を丁寧に説明してくださり，電話コーチが使う部屋なども見学することができた。同じ頃，アルツハイマー協会セントルイス支部を訪問した。専任スタッフの方からお話をうかがい，活気のある事務所の中を案内していただいた。

　2002年秋のアメリカ老年学会（GSA）では，テリ教授のABCモデルの研修

を受けた。その後も何度か GSA に参加し，よい勉強になった。テリ教授のロートン賞受賞講演でステッフェン教授にお目にかかれたこと，バージオ教授によるアラバマ・リーチのワークショップ，ログズドン教授のポスター報告で直接お会いできたことなど，生の声を聞き，経験できたことが本書の土台となっている。

　1年間の海外研修と本書の出版に際しては，鹿児島国際大学からの助成を受けた。また，福祉社会学部の同僚の先生方の励ましを，いつもありがたく感じている。法律文化社の田靡純子氏は，優しく適切なアドバイスで本書の準備を後押ししてくださった。

　感謝すべき方々はあまりにも多い。思うように成果をあげることができず，また，失礼をしてばかりで，いつも申し訳なく感じている。本書では精一杯に背伸びをして研究視点の提起や実践的提言を試みたが，不十分な点も多いと思う。反省点を今後に活かし，少しでも頑張ってゆきたい。

　2011年7月

中山　慎吾

目　次

はしがき

序章　介護者への支援の探求―――001

はじめに　002
1　介護者とはだれか　003
　　家族介護者とサービス従事者（003）　「介護」の意味の多様性（004）
2　だれが支援するのか　005
3　介護者支援の多様性　008
　　介護者の心身の健康のための支援（008）　認知症の人の介護に役立つ支援（009）　介護者の生活に役立つ支援（010）　法律・政策などに関わる支援（011）
4　本書の構成―アメリカにおける研究と実践の検討　012
　　介護者の自助を支えるための支援：教育的介入（012）　介護者を支える社会的な仕組み（013）

第1章　認知症高齢者・介護者と「楽しさを伴う活動」―――015

1　「楽しさを伴う活動」とは何か　016
　　「楽しさを伴う活動」とは（016）　「楽しさを伴う活動」を増やすための支援（018）　夫による介護の事例（019）
2　活動リストの作成　022
　　全年齢用リストの作成（022）　認知症高齢者用リストの作成（024）　介護者用の活動リスト（025）

3　「楽しさを伴う活動」の多様性・柔軟性　027

　　活動内容の多様性（027）　　活動理論と「楽しさを伴う活動」（028）　　状況や能力に応じた「活動」の柔軟性（030）

4　活動リストを手がかりに「活動」を増やす　033

　　活動リストのチェック方法（033）　　「活動」を増やす支援プログラム（034）

5　日本への示唆　037

　　本章のまとめ（037）　　日本の介護者支援への示唆（038）

第2章　介護者の「楽しさを伴う活動」を増やす───041

1　活動・感情・思考の相互関連性　042

　　活動・感情・思考の関係（042）　　「活動」と「気分」を記録する（046）

2　自分自身を励ます言葉　047

　　否定的思考と肯定的思考（047）　　「介護者の権利章典」の活用（047）

3　アサーティブなコミュニケーション　049

　　自分のための時間をつくる工夫（049）　　アサーティブなコミュニケーション（050）　　家族や友人に手伝いを頼む（051）

4　簡便なリラックス法としての呼吸法　052

　　怒りやいらいらが起こる兆候への気づき（052）　　制御された呼吸法（054）　　日常の中での呼吸法の活用（056）

5　日本への示唆　057

　　本章のまとめ（057）　　日本の介護者支援への示唆（057）

第3章　認知症の症状と「対応困難な行動」───059

1　認知症の人の症状とアプローチ　060

　　中核症状・周辺症状・身体症状（060）　　認知症の症状への多様

目　次

　　　　なアプローチ（062）
　　2　対応困難な行動の諸要因　　063
　　　　行動・心理症状に影響する諸要因（063）　　行動・心理症状の
　　　　例：徘徊（066）　　行動・心理症状と"対応困難な行動"（067）
　　3　認知症の人と介護者のコミュニケーション　　068
　　　　コミュニケーションに関する3つの視点（068）　　合図の明確さ
　　　　（070）　　注意を持続し，"いらいら"に対応する（073）　　認知
　　　　症の人をよく知ること（077）
　　4　日本への示唆　　080
　　　　本章のまとめ（080）　　日本の介護者支援への示唆（080）

第4章　対応困難な行動への対処方法　　083

はじめに　084
　　1　行動分析におけるABC　　085
　　　　時間の流れに沿った「行動」の連鎖（085）　　行動の強化：行動
　　　　（B）は結果（C）によって制御される（091）　　弁別刺激：行動
　　　　（B）は先行刺激（A）によって影響される（093）
　　2　ABCモデルによる行動への対処　　096
　　　　ABCモデル："行動の連鎖"に基づく理解（096）　　ABCモデル
　　　　に基づく対処の過程（098）　　AとCを変えるための方法（101）
　　　　スター・プログラムでの教育方法（103）
　　3　行動のトリガーを探し，変える　　104
　　　　A→Bの過程に焦点をあてる（104）　　トリガーを探す（105）
　　　　トリガーを変える（106）
　　4　行動への"処方せん"の作成　　107
　　　　行動への"処方せん"（107）　　介護者と支援者による探求（108）
　　　　処方せんの作成と実行（109）　　アラバマ・リーチのプログラム
　　　　の流れ（110）
　　5　日本への示唆　　111
　　　　本章のまとめ（111）　　日本の介護者支援への示唆（111）

第5章　アルツハイマー協会支部の活動 ―― 115

1　アルツハイマー協会の設立と展開　116

　　アルツハイマー協会の設立（116）　支部の1例：アルツハイマー協会セントルイス支部（118）　ジョイン・ザ・コーズ（119）　専任職員とボランティアが活躍するステージ（120）

2　支部の多様な活動　121

　　家族介護者等への支援（123）　地域の一般の人々との関わり（126）　サービス従事者・研究者への支援（129）　州政府等との関わり（130）

3　日本への示唆　131

　　本章のまとめ（131）　日本の介護者支援への示唆（132）

第6章　教育プログラムとサポートグループ ―― 135

1　サポートグループの運営　136

　　サポートグループの概要（136）　サポートグループの例（137）　特殊なサポートグループ（138）　文化的特質に合わせたグループ（140）　情緒的要素と学習的要素のバランス（141）

2　家族介護者を対象とする教育プログラム　143

　　教育プログラムの誕生と多様化（143）　教育プログラムの充実（146）　不定期に開催されるプログラム（148）

3　サービス従事者を対象とする教育プログラム　149

　　教育プログラムの多様な広がり（149）　「教育者の訓練」プログラム（Train the Trainer）（153）

4　日本への示唆　157

　　本章のまとめ（157）　日本の介護者支援への示唆（158）

目　次

終章　介護者支援の鍵は何か —— 161

1　「活動」が鍵である　162
　　楽しさを伴う活動（162）　認知症の人と「活動」（162）　介護者と「活動」（163）　ロングターム・ケアからロングターム・リビングへ（164）

2　「教育」が鍵である　166
　　介護者の自助を支える教育（166）　教育における効果と負担（166）　プログラムを手づくりする（167）

3　「専任スタッフ＋ボランティア」が鍵である　168
　　自助を支える共助の仕組み（168）　共助の"要（かなめ）"としての専任スタッフ（170）　人生の"道筋"の形成（171）

参考文献　173

序 章

介護者への支援の探求

はじめに

　認知症は，軽度から重度へと進行してゆく病気である。進行の各段階に応じて，適切な支援が必要である。認知症の人本人に対する支援とともに，介護者に対する支援もまた，重要である。認知症高齢者と介護者ができる限り心豊かな生活を送るために，どのような支援が必要か。本書では，この問題意識に基づき介護者支援のあり方について検討する。

　いうまでもなく，介護者にも自分自身の生活がある。どの人にも，"よりよく生きたい"という思いがある。充実した人生を過ごすことは，認知症の人にも，介護者にも，実現されるべき事柄である。このことは，介護者支援のあり方を考える際にはいつも，念頭におかれるべきである。

　わが国では，2000年に介護保険制度が始まった。そのことにより，認知症の人に対するサービスの量は，大きく増加した。介護保険サービスは，家族介護者への支援のなかで根幹となるものである。また，認知症ケアに関わるサービス従事者の多くは，介護保険のもとでサービスを提供している。今後，介護保険をさらに改善し，充実させてゆくことが重要である。

　それとともに，介護保険ではカバーされにくい，さまざまなニーズに対応することも大切である。たとえば，情報提供や，介護技術などの教育がある。介護者の知識や能力を高めることは，介護者にとって大きな力となる。本書では，介護者に必要な支援について，介護保険のみに限らずに，広い視野をもって考えてゆきたい。

　第1章以降では，介護支援を考えるための手がかりとして，アメリカにおける研究と実践を検討する。それに先立ち，本章では，次のような問いを念頭におきつつ，介護者支援の一般的な枠組みについて整理する。日本の介護者支援において必ずしも十分とはいえないことは何か。アメリカの介護者支援に関して何が参考になるのか。

序章　介護者への支援の探求

1　介護者とはだれか

[1] 家族介護者とサービス従事者

　"介護者"を広い意味でとらえると，家族介護者も，サービス従事者も，介護者に含まれる。家族介護者は，多くの場合，自宅で介護を行っている。サービス従事者による介護には，訪問介護などの在宅ケアや，老人ホームなどの施設でのケアが含まれる。

　アメリカでは，サービス従事者を"有給の介護者（paid caregivers）"と呼ぶことがある。つまり，給料などが支払われている介護者である。それに対して，家族介護者は，"無給の介護者（unpaid caregivers）"と呼ばれることがある。"無給の介護者"の大半は家族介護者である。けれども，親族や近隣の人々，そして友人などが"無給の介護者"の場合もある［三富 2010：139-140］。

　"有給の介護者"は，狭い意味では，直接的な介護を仕事とする人々をさす。具体的には，ホームヘルパーや施設の介護職などである。しかし広い意味では，医師や看護師，ソーシャルワーカーや薬剤師なども含まれる［Alzheimer's Association 2011：26］。

　なお，家族介護者は，常に無給であるとは限らない。家族介護者に対して，介護手当などが支払われる場合がある。その場合，家族介護者は，"無給"だとはいいがたい。このような経済的支援は日本では一般的でないが，欧米では多くの国々が実施している［増田編 2008；三富 2010：248-257］。

　介護者は，英語でケアギバー，すなわちケア提供者と表現する。その際のケアは，日本語の「介護」の語感よりも広いものを含んでいると考えられる。介護という言葉をどこまで広く考えるかによって，介護者の範囲も変わる，という一面があるといえる。

　以上のことを念頭におきつつ，介護者に関して，本書では「家族介護者」および「サービス従事者」の両方を含むものと考える。「家族介護者」に言及す

る内容の多くは，近隣の人々や友人などによる介護にもあてはまる。「サービス従事者」としては，直接的な介護をする人々を念頭におく。けれども，その内容の一部は，看護師やソーシャルワーカーなどの実践にも適用しうる。

［２］「介護」の意味の多様性

　一般に，「介護」という言葉からは，食事・入浴・排泄などの身体的介護が想起されやすい。しかし，介護はそれ以上の広がりをもつと考えられる。たとえば，家族介護者などの"無給の介護者"による介護は，次のような内容を含むと考えられる［Alzheimer's Association 2011：26］。

① 日常生活動作（ADL）に関連する介護
- 入浴，衣服の着脱，整容，食事，排泄の介助。失禁への対処。

② 安全性に関する問題や，行動上の問題への対処
- 移動を助けること。ベッドから椅子への移乗の介助。
- 徘徊や行方不明など，安全に関わる活動を避けるために見守ること。

③ 各種サービスの利用
- ホームヘルプなどの在宅サービスが受けられるようにすること。
- 医療サービスが受けられるようにすること。
- 老人ホームなどへの施設入所できるように申し込みをしたりすること。

④ 手段的 ADL に関連する介護
- 食料品等の買い物。食事の準備。交通手段の提供。
- 服薬の援助。認知症や他の病気に関して，医師の指示に従うこと。
- 財産の管理。法律的な問題への対処。

⑤ 介護の仕事をしてくれる人を雇ったり，その仕事を見守ったりすること

⑥ 家事を行うこと

　これらのすべてを，１人の家族介護者が担う場合もある。しかし，複数の人が担うこともある。たとえば，近隣の人々や友人である。遠くに住む子どもも，遠距離介護として関わりうる。また，多くの人が，介護保険のホームヘルプやデイサービスなどを利用している。その場合，サービス従事者と家族介護者が，

介護を分担しているといえる。

　在宅での介護の場合，特定の家族員だけに介護負担が集中してしまう場合がある。しかし，認知症の人と特定の家族介護者との，"二者関係に閉塞した中での介護"は，必ずしも望ましい状態とはいえない［井口 2010：102］。

　また，老人ホームなどの施設に入った後も，これらのうちの一部は，家族介護者が担い続ける。たとえば，施設入所後，家族介護者が病院への通院に付き添う場合がある。財産の管理や法律的な問題への対処も，家族が担い続ける。

　サービス従事者が担う介護に関連する議論として，笹谷は「ケアワーク」に次の4要素を見出している［笹谷 2005］。
(i) 食事作り，掃除，洗濯などの「家事サービス」
(ii) 食事・排泄・入浴などの「身体ケア」
(iii) 娯楽や散歩，行事などの「アクティビティ」
(iv) 愛情や励まし，安心感を与える「精神的ケア」

　これらの(i)～(iv)と，さきに示した①～⑥とを照らし合わせると，(i)は⑥に対応し，(ii)は①に対応する。(iii)と(iv)に的確にあてはまるものは，①～⑥にはない。家族介護者の介護を示す①～⑥のリストに，(iii)と(iv)を加えてもよいだろう。また，サービス従事者の行う「介護」の要素に，②～⑤の一部を加えうる。

2　だれが支援するのか

　さまざまな主体が，介護者支援に関わりうる。それらを，フォーマルな分野とインフォーマルな分野に分けると，次のようになる[1]。

1 フォーマルな分野
　○行政……都道府県（地域振興局も含む）
　　　　　　市町村（保健センター，地域包括支援センターも含む）

○医療法人・社会福祉法人・NPO法人など
- 診療所・病院（専門医療機関，かかりつけ医，認知症疾患医療センターなど）
- 介護老人保健施設，特別養護老人ホーム，グループホームなど
- 在宅サービス事業所，居宅介護支援事業所（ケアマネジャー）など
- 社会福祉協議会など

○企業……株式会社，有限会社など

○地域の団体・組織など（インフォーマル分野とも重なる）
- 老人福祉施設協議会，ホームヘルパー協議会など
- 認知症の人と家族の会，自助グループなど
- 地域医師会，住民参加型サービス団体，民生委員など
- ボランティア団体，町内会など

2 インフォーマルな分野
- ボランティア……個人のボランティア，ボランティアグループなど
- 近隣……見守り団体，小地域ネットワークなど
- 友人
- 親戚
- 家族

　ただし，これらの主体の一部は，介護者でもありうる。たとえば介護保険サービスは，医療法人，社会福祉法人，株式会社，NPO法人などによって行われる。それらが運営する介護施設や在宅サービス事業所などで，サービス従事者が介護に携わっている。また，家族介護者のほか，友人や近隣の人々も介護の担い手でありうる。

　次に，日本において，フォーマルな分野で家族介護者などの支援に関わる主体を，いくつか概観しておこう。

　行政は，介護者に対してさまざまな支援を行いうる。国のレベルでは，介護保険制度をはじめとして，認知症ケアに関わる制度的枠組みがつくられてい

る[2]。2005年には「認知症を知り地域をつくる」という全国キャンペーンを打ち出してもいる。そのもとで進められた「認知症100万人キャラバン」により，認知症の啓発が全国的に進んだ。2007年からの認知症地域支援体制等構築推進事業は，地域連携のためのモデル事業である［永田 2009］。

　国による枠組みに沿いながら，市町村や都道府県が，さまざまな役割を果たしている。たとえば，次の機関は，地域包括ケアあるいは地域連携の基点の役割を果たしうる。市町村の保健福祉関係課や保健センター［海老原 2009；高島 2009］，地域包括支援センター［佐藤 2009；下村 2009］である。地域包括支援センターでは，介護相談を含む総合相談，権利擁護や虐待に関連する支援なども行われる［粟田ほか 2010］。

　認知症疾患医療センターは，市町村の範囲よりも広域に関わる場合が多い。地域の病院・診療所，地域包括支援センターなどと連携しながら，医療面での要の役割が期待されている［池田・小嶋 2010；内海 2010］。たとえば，脳画像診断などを用いた早期診断・鑑別診断がある。かかりつけ医などを対象に，認知症医療の研修を行うことも，主な役割の１つである。

　かかりつけ医は，認知症ケアにおいて多様な役割を果たしうる。認知症の診断と治療に加え，家族介護者へのアドバイスや情報提供も行いうる［藤本 2008］。かかりつけ医を中心としたチームアプローチが，効果的に行われる場合もある［八森 2009］。ただし，認知症の理解が十分でないかかりつけ医もいる，という一面がある［月刊ケアマネジメント編集部 2006］。

　介護保険のケアプラン作成などを行う介護支援専門員（ケアマネジャー）は，家族介護者を支援する存在でもある。認知症介護について一緒に考え，不安を取り除く，という役割を果たしうる。受診の際に同行し，かかりつけ医との情報交換などを図るケアマネジャーもいる［阿部 2006］。また，デイサービスなどの事業所も，家族介護者と頻繁に関わりうる存在である。

　「認知症の人と家族の会」は，家族介護者に対する支援の代表的な担い手の１つである。"つどい"や電話相談は，家族介護者の大きな支えとなっている［勝田 2009］。

3 介護者支援の多様性

　介護者支援には，多様な要素が含まれる。それらは，次の4種類の支援に分けてみることができる[3]。
［1］"介護者の心身の健康"のための支援
［2］"認知症の人の介護"に役立つ支援
［3］"介護者の生活"に役立つ支援
［4］"法律・政策など"に関わる支援
　以下，［1］～［4］の支援について，若干の検討を行う。

［1］介護者の心身の健康のための支援
　介護者の健康を保つことに役立つ支援である。心と身体の健康の保持は，家族介護者にとっても，サービス従事者にとっても，重要である。主な項目を箇条書きに示す。
① 健康を保つための教育（例：介護者のためのストレス予防教室）
② カウンセリング（精神的支援など）
③ 介護者グループ（例：認知症の人と家族の会の"つどい"）
④ 休息（レスパイト）の確保（例：ショートステイの定期的な利用）
⑤ 介護者アセスメント・健康診断など
⑥ 医療サービス（介護者の病気の治療）
　これらの項目から連想されるのは，どちらかといえば家族介護者である。たとえば④の"レスパイト"は，一般的には，家族介護者の休息を意味する。たとえば，介護サービスの利用は，家族介護者の休息の確保につながる。ショートステイやデイサービス，ホームヘルプなどの介護サービスである。また，⑤の介護者アセスメントは，介護者の健康状態のアセスメントのみに限られない。たとえば，［2］に関連するような，認知症ケアの状況のアセスメントも含ま

れうる。

　認知症の人の介護は，困難なものであり，強い情緒的ストレスを伴う。介護者自身が身体的な病気を抱える場合も多い。たとえば，介護者は，運動する余裕がないことにより，肥満傾向になり，高血圧や糖尿病となる可能性を高める場合がある［Alzheimer's Association 2011：29］。高齢の家族介護者が多いことは，痛みや足の問題などを含む身体面の健康のありように関連している。

　介護者の身体面の健康とともに，心の健康もまた重要である。筆者が関わった認知症の家族介護者調査でも，自由回答において，自分自身のストレスに言及している介護者が何人もみられた。たとえば，次のような回答である［古瀬ほか 2011：104］。「認知症の介護をしていて，日常の言動に対して自分自身の感情をコントロールするのに困っている。精神的ストレスが多い。」

　介護者の心身の健康に対して，介護保険サービスの利用を通じた休息の確保は，大きな効果がある。けれども，介護保険サービスだけでは，介護者の心身の健康を確保することは，必ずしも十分にはできない。健康の確保のために，医療サービスがあることはもちろんである。だが，医療サービスだけでは，心の健康の確保は，やはり十分とはいえないだろう。

［2］認知症の人の介護に役立つ支援

　認知症の人への介護に直接役立つ支援である。介護に関わる支援をすることは，介護者の心身の負担を少なくすることにつながる。以下に，主な項目をあげる。

① 介護に関わる教育（例：介護技術教室）
② 情報提供や助言
③ ケアマネジメントなど（サービス利用支援を含む）
④ 介護サービス（介護保険サービスと，それ以外のサービスを含む）
⑤ 他の家族員・親族・友人・近隣・地域団体などからの支援
⑥ 医療サービス（認知症の診断と治療。その他の病気の治療）
⑦ 住宅改修。介護用具の貸与・購入。情報機器（パソコンなど）の提供

⑧ 交通手段の支援（例：通院の際の介護タクシー）

　家族介護者の場合，介護保険のもとで次のサービスを利用しうる。③のケアマネジメント，④の介護サービス，⑦の住宅改修・介護用具の貸与・購入である。③と④のサービス利用は，「介護の社会化」という観点で理解できる。"家族が担ってきた介護の一部が，家族以外の社会的サービスへと転換する"という観点である［笹谷 2005：39］。デイサービスやショートステイなどを利用することで，家族介護者の負担は大きく軽減される。

　「介護の社会化」という概念にあてはまらない項目もある。①の教育や，②の情報提供や助言などである。これらは，介護者自身の介護の能力を高める，という効果をもつ。「介護者のエンパワメント」という言葉で表現することもできるだろう［津田 2003：123 - 125］。介護の仕方などの技術を習得することは，家族介護者にも，サービス従事者にも役に立つ。①や②は，介護保険サービスとしては，十分には提供されにくい。

　たとえば，徘徊や暴言などの認知症の人の行動にどう対応するかは，むずかしい問題である。支援者であるケアマネジャーでさえ，それらの行動にどう対応したらいいかは，大きな悩みなのである［月刊ケアマネジメント編集部 2006：23］。それに対処する技術を学ぶことは，介護者にとって役立つものとなろう。

［3］介護者の生活に役立つ支援

　介護以外の家庭生活や，職業生活などに関係する支援である。介護者のなかには，子育て中の人もいる。家族介護者の場合，仕事をもちながら介護を行い，両立に苦労している人もいる。介護のための有給の休暇や，短時間勤務を可能とする介護休業制度はある。が，必ずしも頻繁には活用されていない。介護のために仕事を辞め，経済的に苦しい状況にある人も多い。

　以下に示す項目は，「社会的包摂（ソーシャル・インクルージョン）」の考え方に沿った支援，と理解することができる。すなわち，介護者にも「地域に暮らす他の人々と同じ機会を享受すること」が確保されなければならない，とする考え方である［三富 2010：215］。介護者であっても，子育て，仕事，趣味など

の機会が他の人々と同様に確保されるべきである，という考え方である．
① 経済的支援（失職による経済的困難への対応など）
② 家庭生活と介護の両立（家事援助，配食サービス，子育て支援）
③ 仕事と介護の両立（再就業への支援，介護休業制度などを含む）
④ 社会生活の享受（例：趣味のサークルへの参加）

　①〜④のうち，③の「仕事と介護の両立」への支援は，家族介護者の場合にのみあてはまる．サービス従事者の場合，介護を行うことじたいが仕事だからである．

　経済的支援は，国際的にみると，介護者手当や所得税控除などの支援がみられる［三富 2010：253］．また，経済的支援は，［2］の認知症の人の介護に役立つ支援にも関連している．介護サービスの費用への補助も大切な支援だからである．たとえば，おむつ購入費の補助がある．なお，介護保険制度は，経済的支援という一面をもつ．介護保険制度は，サービス費用の9割を保険によって給付するといった仕組みである．

　認知症ケアにおいては，介護者自身が高齢であることも多い．高齢者の場合，電球のとりかえなどの日常生活支援が，ときに必要とされる［東京都社会福祉協議会 2004］．そのような日常生活支援は，介護保険の訪問介護（ホームヘルプ）では，行われにくくなりつつある．他方，ボランティアや，住民参加型サービスなどによって，そのような支援が行われる場合もある．

　介護者が地域の他の人々と同様の生活ができることは，介護者の心身の健康にも，肯定的な影響をもたらすと考えられる．たとえば，④の社会生活の享受である．友人と会ったり，ビールを飲んだり，といった時間が過ごせると，介護者の心に良い影響が生じるであろう．けれども，介護者のなかには，「自分だけが楽をしていて申しわけない」という気持ちを抱く介護者もいる．

［4］法律・政策などに関わる支援
　介護者に直接的に支援するための前提となるような，法律や政策を形成してゆくことに関わるものである．

① 介護者の権利の法的規定
② 政策形成への働きかけ（政策立案過程への介護者の参加を含む）

①の介護者の権利の法的規定の典型例は、"介護者基本法"といった法律の制定である。イギリスやアメリカ、フィンランドなどでは、そのような法律が制定されている［三富 2010：244 − 245］。②の認知症ケアに役立つ政策形成に向けての働きかけは、日本でも行われている。たとえば、"認知症の人と家族の会"などが、積極的に政策提言を行っている。

4 本書の構成―アメリカにおける研究と実践の検討

第1章以降では、介護支援を考えるための手がかりとして、アメリカにおける研究と実践を検討する。以下、各章で扱う内容を簡潔に示す。

[1] 介護者の自助を支えるための支援：教育的介入

第1章と第2章では、主に"介護者の心身の健康"のための支援を検討する。とくに、心の健康の確保を中心に検討する。そこで着目するのは、"楽しさを伴う活動"である。自分の好きな活動を楽しむことは、心の健康に肯定的な影響をもたらす。そのことは、認知症の人にとっても同様である。けれども介護者の場合、"楽しんではいけないのではないか"といった考えや、時間の確保がむずかしいといった状況が「壁」となることもある。それをどう解決するかについても検討する[4]。

第3章と第4章では、主に、"認知症の人の介護"に役立つ支援を検討する。とくに、対応がむずかしい行動にどう対処したらいいか、という点に焦点をしぼる。認知症の人の周辺症状、あるいは「行動・心理症状（BPSD）」と呼ばれるような行動である。この問題の解決は簡単なことではないが、介護者にわかりやすく実践しやすい対処方法について探究してみたい[5]。

以上の第1章から第4章を通して，念頭におくのは教育プログラムの実施である。一般に，教育を受けることは，自分自身の自律性を高めることにつながる。介護者への教育も同様である。介護者は，教育プログラムを通して，介護者自身の健康を維持するための工夫や，認知症ケアの方法を学ぶことができる。それは，介護者の"自助（self-help）"を支えるための知識・能力を高める学習支援である。

［2］介護者を支える社会的な仕組み

　認知症の人と介護者の支援のための社会的な仕組みをつくり出すことも，大切なことである。アメリカでは，アルツハイマー協会が，そのような社会的仕組みの代表例である。第5章と第6章では，アルツハイマー協会の支部レベルでの活動に関して検討する。日本でも，認知症の人と家族の会が，介護者支援に重要な役割を果たしている。その今後の活動の展開を考えるうえでも，アメリカでの活動のあり方は，参考になると思う[6]。

　アルツハイマー協会の多くは，直接的な介護サービスとは別の自助を支えるさまざまな支援を中心に，活動を行っている。アルツハイマー協会の支部では，家族介護者のためのサポートグループや，家族介護者やサービス従事者を対象とする教育プログラムなどを行っている。支部の多様な活動は，専任スタッフとともに多くのボランティアによって支えられている。

　第1章から第4章で検討する教育プログラムの多くは，研究者による試行的なプログラムである。それに対し，第6章で検討する教育プログラムは，実際に家族介護者を助けるために，アルツハイマー協会によって実施されているものである。両者の実施の形態には，共通性とともに相違点もみられる。

　終章では，第1章から第6章までの検討をまとめる。日本の介護者支援にとって大切なことは何か。このことに関するアメリカの実践からの示唆について，簡潔に示したい。

　1）　以下のリストは，［白澤 2004：20］に基づき作成した。

2） 介護保険制度のもとで行われる支援として，地域支援事業がある。地域支援事業の任意事業のなかに，家族介護者支援のための事業が含まれる。
3）［三富 2010：52, 169, 258, 322］を参考にして，分類を行った。以下の説明と項目も，三富による説明を参考にしている。ただし，これらのすべてが，日本で実際に行われているわけではない。
4） 第1章と第2章の内容の一部は，［中山 2009a］に基づいている。ただし大幅に加筆修正を行っている。
5） 第3章と第4章の内容の一部は，［中山 2009b］に基づいている。ただし大幅に加筆修正を行っている。
6） 第5章と第6章の内容の一部は，［中山 2011］に基づいている。ただし大幅に加筆修正を行っている。

第 1 章

認知症高齢者・介護者と 「楽しさを伴う活動」

1 │ 「楽しさを伴う活動」とは何か

[1]「楽しさを伴う活動」とは

　図表1-1に示した活動は，母親とその娘による日々の生活の中での活動の一覧である。2人は一緒に自宅に住んでいる。母親が認知症高齢者，娘（カレン）はその介護者である。これらの活動の共通点は，"楽しさ"を伴っている，ということである。これらは，2人の生活にうるおいを与える。母親の場合，フィギュアスケートをテレビで見ることは，楽しいひとときとなる。また，2人の共通の楽しみは，犬をかわいがることである。

　このような活動は，「楽しさを伴う活動（Pleasant Events）」と呼ばれる[1]。楽しさを伴う活動の幅はかなり広い。たとえば，音楽療法，アロマセラピー，

図表1-1　カレン（私）と母親の1週間の活動

楽しい出来事	火	水	木	金	土	日	月
私の家族にとって							
1．テレビでフィギュアスケートを見る						○	
2．犬をかわいがり一緒に遊ぶ	○	○	○	○	○	○	○
3．散歩をする						○	
4．音楽を聴く						○	
5．							
私にとって							
1．CDを聴く		○			○	○	
2．母とともに犬をかわいがり一緒に遊ぶ	○	○	○	○	○	○	○
3．ハーブティを飲む	○		○			○	
4．コーヒーを飲みながら友だちと過ごす							○
5．泡のお風呂に入る					○		○

注：「私の家族」は認知症高齢者，「私」は家族介護者をさす。
出所：[Steffen et al. 2001：44] に基づき筆者作成。

第1章 認知症高齢者・介護者と「楽しさを伴う活動」

アニマルセラピーなども，「楽しさを伴う活動」に含まれうる［McCurry 2006：116］。

この図表1-1の例は，アメリカの老年心理学者アン・ステッフェン（Ann Steffen）らによるものである。認知症の家族介護者向けテキストのなかの，1例である。カレンとその母が1週間にそれぞれの活動をどのくらい経験したかが，示されている。母親の場合，犬と一緒に遊ぶことは毎日行っている。が，その他の活動は，日曜日のみに行っている。娘（カレン）の場合，犬をかわいがり一緒に遊ぶことは毎日，母親とともに行っている。CDを聴いたのは3日間，ハーブティを飲んだのは4日間である［Steffen et al. 2001］。

図表1-2　カレン（私）と母親の1週間の活動：3週間後

楽しい出来事	火	水	木	金	土	日	月
私の家族にとって							
1．テレビでフィギュアスケートを見る				○		○	
2．犬をかわいがったり抱いたりする	○	○	○	○	○	○	○
3．本（とくに聖書）を読んでもらう				○			○
4．ラグタイムの音楽を聴く		○				○	
5．カタログをながめる		○			○		
6．戦時中のことを話す					○	○	
7．家族のアルバムを見る	○			○			
8．散歩する						○	
私にとって							
1．シナトラのCDを聴く		○		○			○
2．（母と一緒に）犬と遊ぶ	○	○	○	○	○	○	○
3．ハーブティを飲む					○ 2回	○ 2回	
4．友だちと過ごす					○	○	○
5．写真をスクラップブックに貼る							
6．聖書を読む	○		○			○	
7．編み物をする	○	○		○			○

出所：［Steffen et al. 2001：82］に基づき筆者作成。

ステッフェンらは，家族介護者に対して，このような記録を毎日つけるよう勧めている。記録を続けることで，楽しさを伴う活動の種類や回数が増えることが期待されている。この表には，最大で10種類の活動が書き込めるようになっている。3週間後のカレンの表も，図表1-2のように紹介されている。最初の表と見比べると，種類も回数も増えている。

　活動の種類は，母親の場合4種類から8種類に増えた。カレンの場合5種類から7種類に増えている。カレンは，認知症の母親に，たとえば次のような働きかけをしたと思われる。戦時中のことを話題にして会話をする。母親が好きそうなカタログやアルバムを，そばに置いておく。また，カレンが好きな聖書の一節を母親の前で読み，その朗読を母親に聴いてもらう。

　カレンの活動に新たに加わった「編み物」は，もともとカレンが趣味としていたものかもしれない。「友だちと過ごす」という活動が1回から3回に増えたことは，カレンの生活をハリのあるものとするのに，役立ったことだろう。

　活動の表現も，たとえば次のように変化している。母親の「音楽を聴く」が，「ラグタイムの音楽を聴く」に変わった。「CDを聴く」が「シナトラのCDを聴く」に変わっている。これは，自分や母親の活動をカレンがより具体的に考えるようになったことを示唆している。

［2］「楽しさを伴う活動」を増やすための支援

　これらの表を含む教材は，印刷されたテキスト1冊と，ビデオテープによって構成される。家族介護者は，1週間ごとに，テキストを約10ページずつ読む。また，それに対応したビデオを30分ほど見る。それらを，10週間続けるかたちになっている。ステッフェンらは，この教材を使って，認知症の家族を介護している女性を対象に，介護者支援の実践的研究を行った[2]。

　このプログラムの中心的な目的は，介護者の「うつ状態の予防」である。プログラムの内容は，「楽しさを伴う活動」を増やすことだけではない。認知症高齢者の行動上の問題への対処方法や，リラクゼーションなども含まれる。「楽しさを伴う活動」を増やすことは，主に2週目から4週目の学習内容であ

る。また，テキストには毎週，課題が設定されている。活動の週間チェック表の記録は，3週目から7週目の課題である。

　以上のような，「テキスト＋ビデオテープ（＋宿題！）」という組み合わせじたい，興味深い。が，さらに，「電話コーチ（telephone coach）」と呼ばれる人も，プログラムに関わる。電話コーチは，週1回ずつ，介護者と30分ほど話をする。電話コーチとなるのは，老年心理学を学んでいる大学院生などである。電話コーチ用マニュアルを手元に置きながら，電話を通して，介護者と定期的に話す。

　電話コーチは，週ごとの課題を介護者がしたことのチェック役でもある。介護者がテキストとビデオによる学習を継続するうえでの，ペースメーカーのような存在である。さらに電話コーチは，次のような多様な役割も果たす。介護者の心身の状態を確認する。テキストでわかりにくかったところを説明する。家族介護者の悩みに耳を傾ける。

　なお，このプログラムの特徴の1つは，介護者がどこかに出向く必要がないことである。テキストを読むこと，ビデオを見ること，電話で話すこと。これらすべて，介護者の自宅で行われる。電話には，距離が離れた介護者に容易に支援できる，という長所がある。毎週の定期的な電話以外でも，問題が生じた際には，介護者から電話ができる［Gant et al. 2001：8－10］。

　介護者がどこかに出向くことのよさももちろんある。たとえば，参加者同士が情報を交換し刺激し合える。しかし，移動がむずかしい介護者は参加できない。ステッフェンらによれば，小グループの教育プログラムに定期的に出向ける介護者は，うつ状態などの問題が大きくない傾向がある。うつ状態だと，出向くことじたいがむずかしい。また，都市部で行われる場合には，村落地域に住む介護者は参加しにくい［Steffen et al. 2008：112］。

［3］夫による介護の事例

　ここで，認知症ケアにおける「楽しさを伴う活動」の重要性を示す事例を紹介したい。谷口政春医師による，おだやかですばらしい実践の例である[3]。

谷口は，京都にある堀川病院にて，長く在宅医療などに関わってきた医師である。妻（君子さん）が60代前半の頃に，アルツハイマー病と診断された。妻が発病して3年目，週3回のホームヘルプを利用することになった。"天使"のようなホームヘルパーのケアから，谷口は「介護のいろは」を学んだように感じたという。

　　ヘルパーAさんは，とても優しいうえ，ほめ上手のおだて上手。妻と一緒に買物に行き，散歩に行き，一緒にそうじをして，退屈させなかった。連絡ノートには楽しそうな毎日の出来事が書かれ，ヘルパーさんの人柄が伝わってきました。
　　また，ヘルパーさんが一緒に歌ってくれることで，妻は唱歌を次々と覚えました。私が帰宅すると一緒に歌おうと歌集を持って来るようになり，2人で合唱するのが日課に。妻は日増しに明るくなり，元気が出て，生き生きとし始めました。ヘルパーさんは，まさに「天使」のような存在でした。
　　　　　　　　　　　　　　　　　　　　　　　　　　　　［谷口 2003］

　ヘルパーのAさんは，妻の生活に「楽しさを伴う活動」をつくり出した，といえる。妻をほめること。一緒の買い物，散歩，そうじ。一緒に歌を歌うこと。これらすべてが，妻にとって「楽しさを伴う活動」であっただろう。
　ヘルパーが帰った後に妻と一緒に合唱することは，家族介護者である谷口にとっても，「楽しさを伴う活動」となったと考えられる。また，ヘルパーの書いた連絡ノートを読むことも，谷口の心を明るくしたのではないだろうか。
　その後の数年間も，妻は習字，俳画，刺し子など，さまざまな活動に挑戦した。たとえば刺し子について，谷口は次のように語っている。「洋裁好きの妻は刺し子に夢中になり，ふきん，のれん，座ぶとんカバーなど，作品をどんどん完成させていきました。」
　認知症が重くなるにつれ，できることは少なくなっていった。それでも谷口は，妻が喜ぶことを生活の中でつくるように心がけたようだ。たとえば，次の

ようなことである。子どもを見ると喜ぶことから、一緒に散歩する時、幼稚園の近くを通る。おいしい食事を準備し、美しく盛りつける。

料理については、はじめは上手に作ることができなかった。まわりに助けを求めたところ、谷口の自宅で、元栄養士が料理教室を開いてくれることになった。

> 元栄養士さんがいろんな人を誘ってわが家で「君子さんの料理教室」を開いてくれることになった。ちょうど2年続きました。最初に私が覚えた料理が「ちらし寿司」。妻は喜んで食べてくれるようになり、毎週ちらし寿司が続いたことも（笑）。それからは料理もいろいろ覚えて、得意料理はから揚げ。2度揚げすればジューシーで柔らかですよ。今はグラタン、白和え、サラダと、何でもできるようになりました。ヨーグルトも手作りです。
> 　　　　　　　　　　　　　　　　　　　　　　　　　　　　［谷口 2003］

知り合い同士で行う"料理教室"は、谷口自身にとって「楽しさを伴う活動」となっただろう。なお、元栄養士による協力は、谷口らに対する一種の介護者支援であるといえる。家族介護者である谷口への、調理の技術を高める支援である。と同時に、介護者のための「楽しさを伴う活動」の場をつくり出してもいる。

妻の認知症の進行が進むなか、2002年の3月に、谷口はヘルパーの助けも借りて、妻を植物園の花見に連れて行った。思い出を残したい、一緒に満開の桜を見たい、という思いだったという。

> ヘルパーさんに頼み込み、数年ぶりに植物園へお花見に。この人にとって最後かもしれないから桜を見せて天国に送りたいと説得したんです。それがまた大当たり。その日からイキイキするようになり、それまで4つの言葉しか出なかったのが、他にも出るようになり、生まれ変わるんじゃないかと思えるほど元気になった。みんなが感動して、他の方も次々と植物

園に連れていくようになったんです。　　　　　　　　　　　［谷口 2003］

　花見をきっかけに，妻の笑顔がよみがえり，反応や言葉がよみがえり，よく食べるようになったという。満開の桜を一緒に見ることは，2人にとって，とても意味のある「楽しさを伴う活動」であったといえる。
　以上の谷口の介護生活から感じられるのは，日々の生活で"心と感性"を刺激する活動が大切にされている，ということである。妻への介護を語るなかで，谷口は，次のことを強調している。「この病は，記憶はうばっても，心と感性はうばえない」。そして，谷口の介護生活を，ホームヘルパーや元栄養士などを含む，まわりの人たちが支えている。

2 ｜ 活動リストの作成

　「楽しさを伴う活動」に関して，アメリカでは，活動リストがさまざまに作成されている。たとえば，**図表 1-3** に示すように，全年齢用リストのほか，認知症高齢者用のリストも作られている。以下，レビンゾーンやテリらによる，活動リストの作成の経緯を検討する。なお，活動リストは，「楽しさを伴う活動」を増やすための支援に役立つものである。

［1］全年齢用リストの作成
　「楽しさを伴う活動」のリストは，1970年代に，オレゴン大学のレビンゾーン（Peter M. Lewinsohn）らによって作られた。レビンゾーンらの研究の主な目的は，うつ状態への対処であった。その後，「楽しさを伴う活動」は，老年学研究にも応用されていった。この概念は，さまざまな年代の人々に対しても適用されている。たとえば，自殺への対処や肥満の治療などでも，活用されている。

レビンゾーンらは，楽しい活動のもつ効果に着目した。楽しい活動を多く経験することが，本人の感情面に肯定的な影響を与える，という効果である。そして1971年頃，320項目の「楽しさを伴う活動」リスト（Pleasant Events Schedule; PES）を作成した。リスト作成のために，さまざまな年齢層の人々に，楽しく感じる活動を10個

図表1-3 「楽しさを伴う活動」リストの作成の経緯

1971年	楽しさを伴う活動リスト（PES）（全年齢向け）320項目
1981年	高齢者用楽しさを伴う活動リスト（PES-Elderly）114項目
1991年	認知症高齢者用楽しさを伴う活動リスト（PES-AD）53項目
1997年	認知症高齢者用楽しさを伴う活動リスト（PES-AD）・短縮版22項目

出所：筆者作成。

まで回答してもらった。それをもとに，楽しさを伴う活動の包括的なリストを作成したのである[4]。

320項目という項目数の多さが，印象的である。このなかには，さまざまなものが含まれる［Lewinsohn et al. 1986：77－90］。たとえば，次のような項目がある。仕事に関係する項目は少なく，仕事以外の余暇における活動が，やはり多くみられる。

- 会社のパーティや自分の部署の集まりに行く
- 教会での催し物などに行く（交流会，教室，バザーなど）
- フェア，サーカス，動物園，遊園地などに行く
- 博物館や展示会に行く
- ヘルスクラブ，サウナなどに行く

そのほかにも，家族とレストランに行く，ボーリングをする，編み物をする，ドライブをするなど，さまざまな活動が含まれる。1人で行う活動も，複数の人たちで行う活動もある。屋内で行う活動も，屋外で行う活動もある。スポーツに関する項目だけでも，複数の項目が含まれる。たとえば，次のような項目である。

- ボーリングをする
- 野球やソフトボールをする

023

- バスケットボールをする
- 水泳をする

　以上のような活動は，たとえばアンケート調査で「活動」に関する質問の選択肢として設定されうる．しかしながら，320項目のなかには，もっと些細な項目も含まれる。たとえば，次のような例である。

- 何かをはっきりと言う
- 自分の親を喜ばせる
- 将来に起こりうる素晴らしいことについて考える
- だれかについて批評する
- ジョークを聞く
- ただ座って考え事をする
- 自分の好きな人のことを考える

　また，次のような項目は，認知症が進んだ人でも経験することがむずかしくない活動であろう。

- きれいな景色を見る
- 日なたで座っている
- 独り言を言う
- 1人で歌をうたう
- 人々に微笑みかける
- 新鮮な空気を吸う
- 愛していると言われる

[2] 認知症高齢者用リストの作成

　「楽しさを伴う活動」という概念を高齢者に応用した研究者の1人は，リンダ・テリ（Linda Teri）である。テリは，レビンゾーンとともに1981年，114項目のリストを作成した。高齢者版「楽しさを伴う活動」リスト（Pleasant Events Schedule-Elderly; PES-E）である。それは，活動リストの320項目から，高齢者向けに114項目を選んだものだった［Teri and Lewinsohn 1982］[5]。

その後，テリとログズドンは，53項目からなる認知症高齢者用のリストを作成した［Teri and Logsdon 1991］。認知症版「楽しさを伴う活動リスト」（Pleasant Events Schedule-Alzheimer's Disease; PES-AD）である。それは，高齢者用リスト114項目から認知症高齢者に適合しない項目を除き，認知症高齢者に適合する項目を追加して作られた。その後さらに，22項目の短縮版が作られた［Logsdon and Teri 1997：43］。

テリらは，活動リストの意味について次のように述べる。認知症高齢者の楽しい活動の減少は，うつ状態にむすびつきやすい。認知症とうつ状態の両方をもつ人の介護は，介護者の大きな負担となる。逆に，「楽しさを伴う活動」の増加は，認知症の人と介護者に肯定的な影響をもたらす。認知症の人の落ち着いた状態を保ち，対応困難な行動を減らす。介護者の側の，心理的負担を減らすことにもつながる［Teri and Logsdon 1991：124］。

［3］介護者用の活動リスト

なお，これまでにふれたように，「楽しさを伴う活動」が必要なのは，認知症高齢者だけではない。介護者にも，「楽しさを伴う活動」が必要である。介護者用の活動リストの例を，認知症高齢者用の活動リストを参考に作ってみると，たとえば図表1-4のようになる。

「18．車に乗って気晴らしをする」は，認知症の家族を一緒に乗せて行うこともできる。筆者が関わった家族介護者調査の自由回答のなかに，印象的な例がある。

> トイレマップがあるといいですね。わかりやすく，楽しくて可愛いトイレの案内マップ（必要な方へ，マップがあることを知らせ，配布）。洋式・和式の有無，車イスが入れるかどうか，付き添い人と入れる広さかどうか，または窮屈だとか，次のトイレまではどれくらい時間がかかるとか，etc……。私の場合は，認知症の母の在宅介護ですが，家の中にいることで起こるトラブルには，車に乗って（乗せて）ドライブすることは，お互

図表 1-4　介護者用の活動リストの例

	過去1ヵ月間に楽しんだ		過去5年間に楽しんだ	
	ある	ない	ある	ない
1. ゆっくり新聞を読む	1	0	1	0
2. ショッピングや買いものにいく	1	0	1	0
3. 本を読んだり，雑誌を見たりする	1	0	1	0
4. 好きな音楽をきく	1	0	1	0
5. テレビの好きな番組をみる（ビデオを含む）	1	0	1	0
6. 外食をする	1	0	1	0
7. ともだちと話す（電話を含む）	1	0	1	0
8. おかしや好きな飲み物を食べたり飲んだりする	1	0	1	0
9. 草花の手入れをする	1	0	1	0
10. 離れたところで暮らす家族と話す（電話を含む）	1	0	1	0
11. 自分の好きな服をきる	1	0	1	0
12. 外食をする	1	0	1	0
13. 手紙やはがきをもらったり，出したりする	1	0	1	0
14. 旅行にいく（日がえりをふくむ）	1	0	1	0
15. 趣味のサークルや講座などにいく	1	0	1	0
16. 散歩をする	1	0	1	0
17. 運動する（散歩を除く）	1	0	1	0
18. 車に乗って気晴らしをする	1	0	1	0
19. 介護者同士で話し合う	1	0	1	0
20. 昔のことについて思い出したり，話したりする	1	0	1	0

出所：[Logsdon and Teri 1997：43] の表の20項目を参考に，介護者用の項目として修正し，現在と過去の「楽しさ」のチェック欄を追加し，筆者作成。

いのストレス解消でした。その時一番必要なことは，トイレ場所の把握です（安全運転はあたりまえとして）。この地域は，ドライブするだけで，心が明るくなる景色が続く，とても素晴らしい所です。親切なトイレマップは，同じような状況の方々には，元気マップになるのではないでしょうか。

［古瀬ほか 2011：108］

第1章　認知症高齢者・介護者と「楽しさを伴う活動」

「15. 趣味のサークルや講座などにいく」と「19. 介護者同士で話し合う」とを合わせたような，すばらしい実践がある。鳥取県米子市のデイサービスセンターでの，次のような実践である[6]。

デイサービスセンターの2階の部屋が，家族介護者が過ごせるスペースとして活用されている。認知症の家族が1階でデイサービスを受けている間，介護者は2階で過ごすことができる。そこでは，絵手紙やパソコンなどの講座を行ってもいる。すぐ近くに認知症の家族がいるので，何かあれば，すぐに駆けつけることができる。そのため，安心して自分の好きなことに集中できる。また，介護者同士が悩みをうちあけられる場所でもある。

3 「楽しさを伴う活動」の多様性・柔軟性

[1] 活動内容の多様性

認知症高齢者用の活動リストの項目は，2種類の仕方で分類できる。1つは，「受動的―能動的」という区分である。たとえば，「外にいる」は受動的，「運動する」は能動的な活動である。もう1つは，「社会的―非社会的」という区分である[7]。たとえば，「友人や家族と食事をする」は社会的，「テレビを見る」は非社会的な活動である。

図表1-5　認知症高齢者用活動リストの分類

能動的

非社会的		社会的
・お菓子を作ったり食べたりする ・家の仕事をする ・好きな服を着る ・運動をする ・車ででかける ・身だしなみを整える		・ショッピング，物を買う ・友人や家族と食事する ・手紙やはがきをもらったり出したりする ・外に出て何かをする ・友人とお茶などを飲む
・読書，物語を聞く ・音楽を聴く ・テレビを見る ・笑う ・自然の音を聴く		・昔のことを思い出したり話したりする ・屋外にいる ・家族と一緒にいる ・だれかからほめられる

受動的

注：ログズドンの説明を基に，筆者が項目を分類した。ただし，活動の内容によって，どう分類されるかは変化しうる。たとえば，だれかと一緒に車で出かける場合は，社会的領域に分類しうる。
出所：[Logsdon and Teri 1997]に基づき筆者作成。

この領域区分により，短縮版の項目を整理すると，**図表1-5**のようになる。

一般に，「活動」という言葉からは，どちらかといえば，能動的で社会的な活動がイメージされやすい。たとえば，デイサービスなどで行われるグループ活動は，社会的で能動的な領域に位置づけうる。しかしながら，このリストには，非社会的な活動や受動的な活動も多く含まれている。

［2］活動理論と「楽しさを伴う活動」
■ 活動理論における「活動」

「楽しさを伴う活動」という概念は，「活動」と「感情」に関する次の理解に基づいている。「活動」が"楽しさ"という「感情」に影響する，という基本的な理解である。これは，老年学研究における活動理論（Activity Theory）の考え方に近い。活動理論は，活動が幸福感や生活満足度などの心の状態に影響する，という枠組みを前提にしている。活動理論の骨子を簡潔に描くと，**図表1-6**のようになる。

活動理論の枠組みを検討したレモンらは，「活動」を次のように定義している（Lemon et al. 1972：513）。活動とは，「日常的な身体的あるいは個人的メンテナンスを超えた，規則的あるいはパターン化された行動」である。"身体的・個人的メンテナンス"の例には，睡眠などがあげられると思われる。

この活動の定義と，認知症高齢者用の「楽しさを伴う活動」リストの項目を，照らし合わせてみるとどうか。たとえば，「笑う」，「ほめられる」といった項目は，レモンらによる活動の定義には，含まれないと考えられる。これらは，「規則的あるいはパターン化された行動」とはいいがたい。そのような，日常の中でみられる些細な活動は，活動理論では扱われにくい。が，「楽しさを伴う活動」には含まれうる。

レモンらは，活動を，3種類に分類している。「フォーマルな活動」「インフォーマルな活動」「1人で行う活動」である[8]。また，ロンジーノとカートは，インフォーマル活動とフォーマル活動は「社会的領域」に，1人で行う活動は「非社会的領域」に属するとしている［Longino and Kart 1982］。以上の分類は，

第1章 認知症高齢者・介護者と「楽しさを伴う活動」

図表1-6 活動理論の基本的枠組み

活動のあり方 (例：活動の量が多い) → 心の状態 (例：主観的幸福感や生活満足度が高い)

出所：[古谷野 2003：147] を参考に筆者作成。

図表1-7 レモンらによる「活動」の3分類

活動の種類		具体的な例
社会的	フォーマルな活動	会社などのフォーマルな組織に参加することなど
	インフォーマルな活動	親戚や友人や近隣の人々との社会的関わりなど
非社会的	1人で行う活動	テレビ視聴，読書，1人でする趣味など

出所：[Lemon et al. 1972]，[Longino and Kart 1982] に基づき筆者作成。

図表1-7のように整理できる。この活動の3分類に沿って，楽しさを伴う活動リストをみると，「インフォーマルな活動」か「1人で行う活動」に分類しうるものが多い。

活動の3分類から判断すると，活動理論における「活動」には，「1人で行う活動」という非社会的な活動も含まれる。しかし実際には，活動理論では，社会的活動に焦点を合わせることが多い[9]。たとえば，次のような社会的活動である。趣味や学習のサークルや講座へ参加。町内会や高齢者クラブなどの団体への関わり。ボランティア活動。活動理論では，このような活動が，高齢期の生活の質を高める点に注目する。

2 「楽しさを伴う活動」との比較

社会的活動の重要性は，どの年代の人々にもあてはまる。ただし，認知症高齢者や介護者の生活における「社会的活動」の位置づけは，どうだろうか。認知症高齢者や介護者も社会的活動を行うことは，とても意味がある。実際に，たとえば「認知症の人と家族の会」に，多くの介護者が関わっている。今後も，認知症高齢者や介護者が何らかの社会的活動に関わる社会的な仕組みを考えることが，重要である。

図表1-8　活動理論と「楽しみを伴う活動」の比較

	活動理論における「活動」の範囲			
		活動理論で重視される部分		
	非社会的領域		社会的領域	
	規則的ではないような活動	1人で行う活動	インフォーマルな活動	フォーマルな活動
	例：笑う	例：家事，テレビを見る	例：家族と話す	例：会社での仕事
	「楽しみを伴う活動」で重視される部分			
	「楽しみを伴う活動」となりうる範囲			

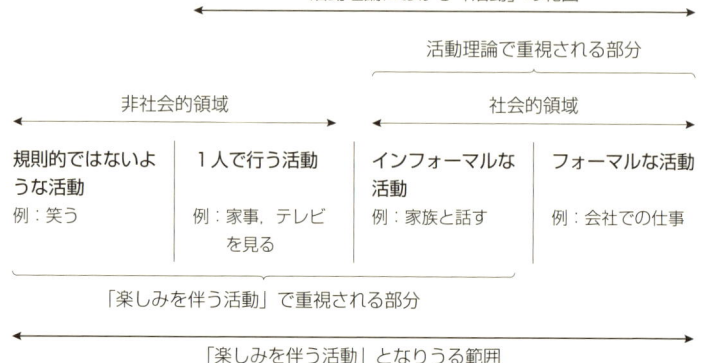

出所：[Logsdon and Teri 1997]，[Lemon et al. 1972] などを参考に筆者作成。

　しかし，それと同時に，思うように社会的活動に参加できない認知症高齢者や介護者が多いのも，事実である。そして，社会的活動の意義を重視する立場は，場合によっては，次のような特殊な人間観にむすびつく可能性がある。すなわち，社会的活動に十分に参加できない人を，「人間」として低く評価するという見方である。

　認知症の人と介護者の生活を考えるうえで重要なことの1つは，「活動」の"多様性"についてのバランスのとれた見方だと思われる。社会的活動も重要である。しかし，非社会的活動も重要である。さらに，「活動」と呼ぶにはささやかすぎるような，"一瞬の笑顔"なども重要である（図表1-8）。

[3] 状況や能力に応じた「活動」の柔軟性
■1 SOC理論における「補償」

　前述したとおり，活動理論の「活動」概念も，もともと社会的活動のみに限られない。「楽しさを伴う活動」はさらに，とても些細な活動をも含む。このように，「活動」にはさまざまな内容が含まれる。そうであるならば，認知症が進んだとしても，介護者が忙しくとも，何らかの「活動」に関わりうる。

認知症高齢者や介護者の「活動」は，SOC 理論[10]を手がかりに，みてゆくことができる。SOC 理論は，ドイツのバルテス（Paul B. Baltes）らが提唱した理論モデルである。自分自身の心身機能の低下などに，人々がどう対処するかに，SOC 理論は着目する。この理論が描く過程は，たとえば次のようなものである［Kleiber et al. 2008; Freund and Baltes 2002］。

高齢になるにしたがい，身体的能力などが（少なくとも部分的に）低下してゆく。そのため，それまでできていた活動が思うように行えなくなる。その場合，人は，目標と手段を柔軟に変えることにより対処しようとする。たとえば，行う活動の種類を変える。それまでとは異なる仕方で活動を行う。そうすることで，能力や状況に合わせて活動を十分に行えるようになる。

SOC 理論における「補償（compensation）」という概念は，目標や手段を臨機応変に変えてゆく過程を照らし出している。その過程は，自転車に乗っている時のギアの入れ替えのイメージに近い。

たとえば，ピアニストのルービンシュタインは，80 歳になってもコンサートで人々を魅了する演奏をすることができた。それを可能とするために，彼は，次のような方法をとっていた。演奏し続ける曲の数を減らす。そして，演奏し続ける曲に限って繰り返し練習する。また，ゆっくり弾く箇所と速く弾く箇所の違いを意図的に大きくつくる。その演奏法により，速く弾く箇所が聴衆には実際よりも速く感じられるようになる［Baltes 2006：35］。

「楽しさを伴う活動」も，このようなモデルに照らして考えることができる。それまでできていた活動ができなくなったとしても，人は，柔軟に対応できる。「楽しさを伴う活動」の種類などを変えることにより，「楽しさを伴う活動」を経験し続けることができる。生活の中で「楽しさを伴う活動」を経験することは，年を重ね身体的能力や知的能力などが衰えてゆくとしても，可能であり続ける。

2 認知症の進行と活動の継続

フォーマルな活動ができなくなっても，インフォーマルな活動はできる。家

の外での活動ができなくなっても，家の中での活動はできる。自分から能動的に活動することができなくても，まわりの人たちから働きかけることができる。たとえば，まわりの人たちの「声かけ」である。「声かけ」を受けることが，認知症の人にとっての「楽しさを伴う活動」となりうる。

認知症が進み，認知障害だけでなく，身体が動かせなくなる場合もある。その場合でも，何かを"感じる"ことはできる。まわりの人たちの"声"を聴く。"笑顔"を見る。手のひらの"暖かさ""やわらかさ"を感じる。これらの経験は，「楽しさを伴う活動」でありうる。

テリらは，介護者と認知症高齢者との日常的な"ふれあい"に言及している。介護者は，臨機応変に，こまやかに，「楽しさを伴う活動」を作り出すことができる。たとえば，施設職員が認知症のある入居者と廊下ですれちがう。その時に，その入居者に笑顔を見せたり，明るく挨拶したりする。そのことは，入居者の1日を生き生きとしたものとする［Teri and Huda 2004：57－58］。

もちろん，テリらは，施設におけるアクティビティの重要性にもふれている。アクティビティ担当者が作るレクリエーションの計画は，入居者に多くの楽しみを提供する。その一方で，テリは次のように述べている。

> それでも忘れないでください。ほんの小さなことでも，大きなインパクトをもちうるのです。楽しさを伴う活動は，私たちの間で，1日中生じている必要があるのです。あなたがだれかと触れ合うときはいつでも，その人の1日を（そしてあなた自身の1日をも）よりよくすることができるのです！
> ［Teri and Huda 2004：58］

楽しさを伴う活動を増やす支援は，"楽しさ"というフィルターを通して人々の生活活動を見，心豊かな生活をかたちづくる支援である。

4 活動リストを手がかりに「活動」を増やす

[1] 活動リストのチェック方法
1 「頻度」と「楽しさ」
　レビンゾーンらは，全年齢用活動リストのそれぞれの活動を，「頻度」と「楽しさ」[11]という2つの側面によって評価する。320項目の活動をすべて評価するのには，約2時間かかる [Lewinsohn et al. 1986：75 − 77, 91]。
　活動の「頻度」に関しては，過去1カ月間の経験について，次のように点数評価する。
- 7回以上経験した場合2点
- 1回以上6回以下経験した場合1点
- まったく経験しなかった場合0点

　活動の「楽しさ」に関しては，過去1カ月間に経験した際どうだったかを次のように評価する。経験しなかった場合には，仮に経験した場合にどうだったと思うかを評価する。
- 「とても楽しい」を2点
- 「ある程度楽しい」を1点
- 「楽しくない」を0点（「どちらでもない」も0点）

2 現在と過去の「楽しさ」
　テリらによる認知症高齢者用リストでの評価方法は，レビンゾーンらの方法に若干の修正が加えている。「頻度」の評価はレビンゾーンらと同じである。だが，「楽しさ」の評価は，現在と過去に分けて行う。現在の楽しさは，「過去1カ月間に楽しんだかどうか」を評価する。楽しんだ場合1点，そうでない場合0点とする。過去の楽しさは，「過去5年間に楽しんだかどうか」を同様に評価する[12]。

なお，認知症高齢者の活動の評価を行う際，認知症高齢者自身も一定の役割を果たしうる。たとえば，「頻度」は介護者が評価しやすいが，「楽しさ」は認知症高齢者自身が意味のある判断をなしうる。53項目の活動をひと通りチェックするのに要する時間は，おおむね30分以内である［Teri and Logsdon 1991：125］。

　このような評価は，これから経験しうる活動を発見したり，思いついたりすることに役立つ。「楽しさ」を現在と過去に分けて評価することで，現在はしていないが，過去にしていた活動を思い出すことができる。それらは，"今はしていないが，これからできる活動"の例となる。過去に楽しんだことのある活動は，実現性の高い「楽しさを伴う活動」でありうる。

　活動リストのチェックを通して，活動についてのアイディアが次々に浮かぶ様子を，テリらは「アイディアの"創造的噴出"」と表現している[13]。また，活動リストをチェックすることじたい，楽しいひとときでありうる。"それをするのもいいかもしれない"とか，"何年か前，あの時は楽しかった"などと，話したり思い出したりするひとときである。

［２］「活動」を増やす支援プログラム
■ 認知症高齢者の「楽しさを伴う活動」を増やす

　テリらは，認知症高齢者に対して，「楽しさを伴う活動」を増やすための介入研究を行っている。1991年に行われた研究は，うつ状態の認知症高齢者と家族介護者を対象としている［Teri and Uomoto 1991］。認知症高齢者と家族介護者１組ごとに，１回60分の個別面談を８回行った。最初の３回では，認知症高齢者と家族介護者が面談に参加した。残りの５回では，家族介護者のみが参加した。

　面談は，次のような内容を含んでいた。まず，認知症高齢者が楽しめる活動を特定する。そして，それらの活動を経験する計画をたてる。以前に楽しんだが現在はあまり行っていない活動を見つけるため，高齢者用の活動リスト（PES-E）が使われた。

認知症高齢者本人に対しては、次のような働きかけを行った。本人の気持ちや、困っていることを聴く。楽しい活動を増やすための家族介護者の努力に協力するよう励ます。家族介護者には、次のようなことを求めた。認知症高齢者がその日ごとに経験した、「楽しさを伴う活動」をチェックする。認知症高齢者の、その日その日の気分を記録する。

このような支援の結果、楽しさを伴う活動の数が増え、気分も良い状態に変化したことが確かめられている。

2 家族介護者の「楽しさを伴う活動」を増やす

1997年の研究［Teri et al. 1997］では、うつ状態の認知症高齢者とその家族介護者、双方の活動を増やすための介入を行った。1回60分の個別面談が9回行われた。

初回の導入的な面談の後、2回目から4回目までの面談では、1991年と同様の支援が行われた。すなわち、認知症高齢者にとっての「楽しさを伴う活動」を増やすための介入である。その際、認知症高齢者用の活動リスト（PES-AD）が用いられた。5回目以降の面談の内容には、家族介護者の側のストレスなどへの対処も含まれていた。そして、家族介護者にとっての「楽しさを伴う活動」を増やす働きかけも、行われた（図表1-9）。

これらの介入により、認知症高齢者のうつ状態の改善が確認された。家族介護者のなかにもうつ状態にある人が含まれていたが、その改善もみられた。

図表1-9　認知症高齢者と家族介護者への支援プログラム例

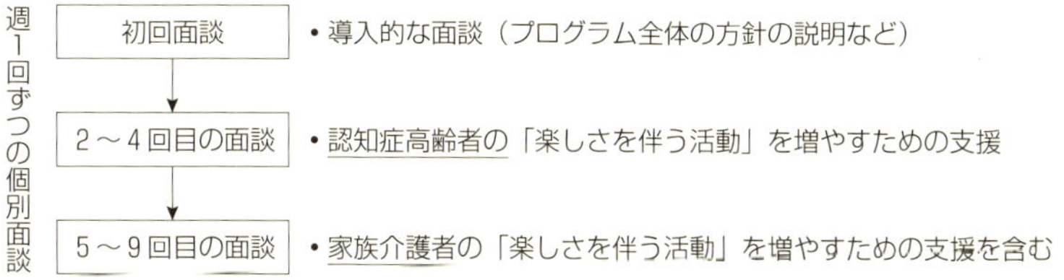

週1回ずつの個別面談
- 初回面談 ・導入的な面談（プログラム全体の方針の説明など）
- 2～4回目の面談 ・認知症高齢者の「楽しさを伴う活動」を増やすための支援
- 5～9回目の面談 ・家族介護者の「楽しさを伴う活動」を増やすための支援を含む

出所：［Teri et al. 1997］に基づき筆者作成。

3 施設入所者への支援：施設職員の関わり

ミークスらによる2006年の研究では，施設入所者1人を対象にした介入が行われた［Meeks et al. 2006］。その対象者は認知症ではないが，うつ状態のナーシングホーム入所者であった。うつ状態の改善のために，楽しさを伴う活動を増やす支援が行われた。

その際には，ナーシングホーム用に作られた，30項目の活動リストが用いられた。初回の面談では，活動リストを使って次のことを調べた。どのような活動を楽しいと感じるか，過去において楽しいと感じた活動は何か，現時点で経験可能かどうかなどである。

面談は，週1回ずつ計6回，本人に対して行われた。初回の面談では，1人で居室内で行える3種類の活動を行う計画をたてた。2回目の面談では，居室外での活動を含む5種類の活動の計画をたてた。このように毎回，次の面談までに行う活動の計画をたて続けた。その結果，本人の意欲はしだいに高まっていった。第6回の面談では，12種類の活動の計画をたてるに至った。そのうち7種類は，居室の外の活動であった（図表1‐10）。

この支援では，中心的な研究者であるミークスが主に面談を行った。面接は，ナーシングホームのアクティビティ部門の責任者も協力して進められた。アクティビティ部門とは，リハビリの意味を含むレクリエーションを施設内で計画

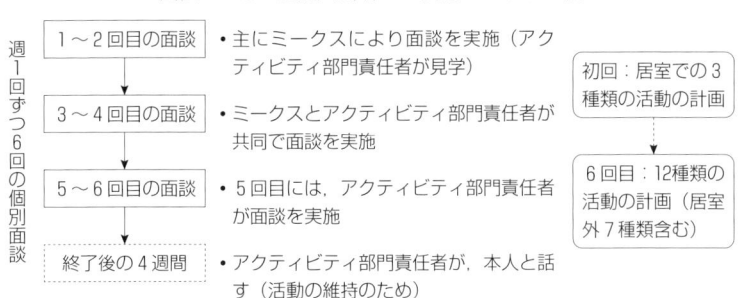

図表1‐10　施設入所者への支援プログラム例

週1回ずつ6回の個別面談	フロー	内容	補足
	1～2回目の面談	主にミークスにより面談を実施（アクティビティ部門責任者が見学）	初回：居室での3種類の活動の計画
	3～4回目の面談	ミークスとアクティビティ部門責任者が共同で面談を実施	
	5～6回目の面談	5回目には，アクティビティ部門責任者が面談を実施	6回目：12種類の活動の計画（居室外7種類含む）
	終了後の4週間	アクティビティ部門責任者が，本人と話す（活動の維持のため）	

出所：［Meeks et al. 2006］に基づき筆者作成。

し実施する部門である。

　アクティビティ部門の責任者は，初回の面談では，ミークスが面談を行うのを見学するのみだった。第3回と第4回では，共同で面談を実施した。そして第5回では，アクティビティ部門の責任者が面談を実施した。全6回の面談の終了後も，アクティビティ部門の責任者が週1回ずつ4週間，本人と話す機会をもった。本人とその週の活動の状況を振り返り，本人の活動のレベルを維持するためであった［Meeks et al. 2006：293］。

5　日本への示唆

［1］本章のまとめ

○「楽しさを伴う活動」は，認知症の人にとっても介護者にとっても重要である。アメリカでは，うつ状態の治療と予防のために活用されてきた。
○「楽しさを伴う活動」のリストとしては，はじめ320項目のリストが作られた。その後，高齢者用の活動リスト，認知症高齢者用の活動リストなども作られた。認知症高齢者用の活動リストの短縮版は，22項目というコンパクトなものになっている。
○「楽しさを伴う活動」には，ショッピング，友人と食事をするといった活動から，だれかからほめられる，笑うといった活動まで，多様な活動が含まれる。
○行う活動は，状況や能力に合わせて柔軟に変えてゆくことができる。忙しい介護者でも，認知症の症状が進んだ人でも，経験できる活動はある。
○活動リストをチェックすることを通して経験できる活動を考え出し，活動を増やすことができる。活動リストのチェックは，介護者の活動を増やすうえでも，認知症の人の活動を増やすうえでも役に立つ。

[２] 日本の介護者支援への示唆

　本章で検討した「活動」は，施設やデイサービスなどで行われるレクリエーションなどの「アクティビティ」よりも，はるかに広いものを含む。

　日本人の生活実態に合った活動リストを作ってゆくことには，意味がある。認知症の人のための活動リストや，家族介護者用の活動リストの作成である。研究のために用いるリストならば，レビンゾーンらやテリらが作成した際の手続きを参考にするべきである。しかし，研究のためでなければ，思いつきを大切にして，自由に活動リストを作ればよい。そして，それを，認知症の人や介護者の支援のために，活用すればよい。

　だれが活動リストを作るか。活動リストの作り手はさまざまでありうる。たとえば，認知症の人と家族の会の役員。地域包括支援センターの職員。施設入所中に利用者が経験しうる活動のリストを，特別養護老人ホームの相談員などが作ることも，意味がある。その施設の実情に合わせたオリジナルの活動リストである。

　では，サービス従事者自身にとっての「楽しさを伴う活動」とは何か。たとえば，特別養護老人ホームに勤める介護職の人にとってどうか。業務を離れた私生活での「楽しさを伴う活動」の充実は，その人の心身の健康に役立つ。特別養護老人ホームの業務のなかにも，職員にとって「楽しさを伴う活動」もあるだろう。業務のなかに，自分たちにも楽しい活動が多ければ，介護の仕事は，さらにやりがいのあるものとなりうるのではないか。

1）　Pleasant Events は Pleasant Activities とも呼ばれる［Lewinsohn and Graf 1973：261］。Pleasant Events の直訳は「楽しい出来事」だが，以下，「楽しさを伴う活動」と呼ぶ。
2）　2002年から2004年まで行われたもので，認知症介護技術プログラム（Dementia Caregiving Skills Program）と呼ばれる［Steffen et al. 2008; Steffen et al. 2001］。
3）　この項のまとめは，［谷口 2003］と，NHK総合テレビで放送された次の番組による。2003年10月20日放送の「アルツハイマー介護日記　痴ほうの妻と向きあう15年」（生活ほっとモーニング）。
4）　［Lewinsohn and Graf 1973：262］。Schedule は「一覧表」とも訳しうるが，以下，

「リスト」と訳す。作成方法については［Lewinsohn et al. 1986：74］，［中山 2009a］を参照。
5) PES-Elderly の作成過程については，［Teri and Lewinsohn 1982：444］を参照。なお，「楽しさを伴う活動」の高齢者への応用は，さまざまな研究者によって行われている。たとえばギャラガー-トンプソン（Gallagher-Thompson）らは，うつ状態の高齢者への治療のために66項目の高齢者のための活動リストを1981年に作成し，その後も改良を加えている［Coon et al. 2007：48; Rider et al. 2004］。
6) 2007年1月22日放送の NHK 総合テレビの番組「介護の悲劇を防ぐ」（難問解決　ご近所の底力）で紹介された事例である。
7) ［Logsdon and Teri 1997：41］。受動的—能動的は Passive-Active を訳したもの，社会的—非社会的は Social-Nonsocial を訳したものである。
8) ［Lemon et al. 1972：513］。3種類の活動に対応する英語は，Formal Activity, Informal Activity, Solitary Activity である。レモンらは，インフォーマルな活動と生活満足感との間に，相関関係があることを確かめている。
9) 活動理論と離脱理論（Disengagement Theory）との対比のなかでは，社会的活動が中心的な話題となりやすい。［袖井 1981：108］など参照。ボランティア活動の分析への活用例は，［Morrow-Howell et al. 2003］。
10) より詳しく表現すると，「補償による選択的最適化理論（Selective Optimization with Compensation）」となる。
11) 楽しさに対応する言葉としては Pleasantness のほか，Enjoyability も使われている［Lewinsohn and MacPhillamy 1974：293］。なお，頻度と楽しさの得点を掛け合わせて，総合点数も計算している。最低が0点，最高が4点である。その点数の高さが，活動から得ている楽しさや満足の度合いを示す，と考える。
12) テリらの認知症高齢者用の活動リストでは，「頻度」と「楽しさ」に加えて「経験可能性（Availability）」に関する評価が設定されている。過去1ヵ月間に7回以上経験可能だった場合2点，1回以上6回以下経験可能だった場合1点，経験可能でなかった場合0点と評価する［Teri and Logsdon 1991：126］。なお，短縮版の活動リストでは，「経験可能性」の評価を行わないことも提案されている。その理由は，記入上の負担の軽減のためと，経験可能性と頻度の得点に大きな違いがないことである［Logsdon and Teri 1997：44］。
13) ［Teri and Logsdon 1991：125］。英語の表現は，"creative burst" of ideas である。

第 2 章

介護者の「楽しさを伴う活動」を増やす

1 | 活動・感情・思考の相互関連性

[1] 活動・感情・思考の関係

「楽しさを伴う活動」の研究は、もともと、活動と感情と思考の3者が相互に関連し合っているという前提に基づいて始められた。とくに、うつ状態の心理的治療に役立たせるという目的に、焦点があてられていた。レビンゾーンらは、「活動（activities）」と「感情（feelings）」と「思考（thoughts）」の相互関連を、図表2-1のように示している［Lewinsohn et al. 1986：23 - 24］。

たとえば、"くよくよ考える"という思考は、気分が落ち込むことに影響する（思考→感情）。逆に、考え方しだいで、気分が楽になったりすることもある。顔の筋肉を動かし笑顔を作ることで、肯定的な感情を心の中に生むことがある（活動→感情）。

うつ状態が生じたり維持されたりする一因として、感情と活動と思考の3者の"悪循環"を、レビンゾーンらは重視している。たとえば、生活の中で、活動の量が減ることは否定的な気分を生む（活動→感情）。気分が落ち込むと、くよくよ考えたり、ものごとを悪く解釈したりしやすくなる（感情→思考）。そのような否定的な考え方をすると、さまざまな活動からさらに遠ざかることにもつながる（思考→活動）。活動の減少、否定的な感情、否定的な思考は、相互に影響し合って悪循環を生じ、うつ状態の一因となる［Lewinsohn et al. 1986：33］。

たとえば、ある年の夏が非常に暑かったとする。暑さもあって、認知症の家族の世話をしている介護者が、なかなか外に出ることができない。そのため、話し相手がなく、その介護者の気分がふさぎがちになる。気分が落ち込むと、「こんな生活がいつまで続くんだろう」とか「なんで私だけが介護しなければならないのか」などと、くよくよと考えこんでしまう。そして、なおさら家に閉じこもりがちになってしまう（図表2-2）。

このような悪循環は、認知症高齢者の側にも、介護者の側にも生じうる。悪

第2章 介護者の「楽しさを伴う活動」を増やす

循環から抜け出すための手がかりは，3者のうちのいずれかを変化させることにあるだろう。しかし，「感情」そのものを直接的に変化させることはむずかしい。それに比べると，「思考」や「活動」のあり方を変えることは不可能ではない。「思考」や「活動」のあり方を変えることにより，「感情」をコントロールする余地がでてくる［Lewinsohn et al. 1986：23-25］。たとえば，「楽しさを伴う活動」を増やすことで，悪循環から脱却する可能性が生まれる。

「楽しさを伴う活動」という概念は，とくに「活動」と「感情」の関連性に焦点をあてている。"楽しさ"は一種の「感情」である。「楽しさを伴う活動」

図表2-1　感情・活動・思考の相互関係

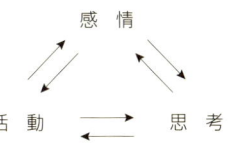

感　情

活　動　　　　　思　考

出所：［Lewinsohn et al. 1986：24］。

図表2-2　感情・活動・思考の悪循環の例

否定的な感情の増大
（気分が落ち込む）

活動の量の減少　　　否定的な思考の増加
（家に閉じこもる）　　（くよくよ考える）

出所：［Lewinsohn et al. 1986：24］を参考に筆者作成。

図表2-3　感情・活動・思考の好循環の例

肯定的な感情の増大
（楽しい気分になる）

楽しさを伴う活動の増加　　肯定的な思考の増加
（友だちと会う）　　　　　（前向きな考えをもつ）

出所：［Lewinsohn et al. 1986：24］を参考に筆者作成。

という言葉は，「活動」が"楽しさ"という「感情」に影響する，という過程を照らし出している。「楽しさを伴う活動」が増えることは楽しい気分を生む（活動→感情）。楽しい気分になることは，ものごとを前向きに考えることに結びつく（感情→思考）。前向きな考え方がもてると，「楽しさを伴う活動」をさらに増やすことにもつながる（思考→活動）。

たとえば，家族介護者が，週1回友だちと会い，一緒にお茶を飲むようになったとする。友だちと会っておしゃべりをすることで，気分がすっきりし，楽しい気持ちになる。気分がすっきりすると，「大変だけど頑張ってみようか」

図表2-4　1週間の活動チェック表（　月　日〜　月　日）
（1日ごとに，経験した活動に○をつける。合計欄は使用しなくともよい）

	日	日	日	日	日	日	日
私にとって	月	火	水	木	金	土	日
1							
2							
3							
4							
5							
6							
7							
8							
9							
10							
1日の合計数（○の数）							
私の家族にとって	月	火	水	木	金	土	日
1							
2							
3							
4							
5							
6							
7							
8							
9							
10							
1日の合計数（○の数）							

出所：[Steffen et al. 2001] の表に，1日の合計数の欄を加え，筆者作成。

第2章　介護者の「楽しさを伴う活動」を増やす

図表2-5　1週間の気分チェック表（　月　日〜　月　日）
（毎日，1〜9のどれかに○をつける。）

		日	日	日	日	日	日	日
私		月	火	水	木	金	土	日
↑↓	1　とてもゆううつ	1	1	1	1	1	1	1
	2	2	2	2	2	2	2	2
	3	3	3	3	3	3	3	3
	4	4	4	4	4	4	4	4
	5　まあまあの気分	5	5	5	5	5	5	5
	6	6	6	6	6	6	6	6
	7	7	7	7	7	7	7	7
	8	8	8	8	8	8	8	8
	9　とてもしあわせ	9	9	9	9	9	9	9
私の家族		月	火	水	木	金	土	日
↑↓	1　とてもゆううつ	1	1	1	1	1	1	1
	2	2	2	2	2	2	2	2
	3	3	3	3	3	3	3	3
	4	4	4	4	4	4	4	4
	5　まあまあの気分	5	5	5	5	5	5	5
	6	6	6	6	6	6	6	6
	7	7	7	7	7	7	7	7
	8	8	8	8	8	8	8	8
	9　とてもしあわせ	9	9	9	9	9	9	9

出所：[Steffen et al. 2001：45] の表に基づき筆者作成。

とか「苦労しているのは自分だけじゃない」といった考え方ができるようになる。考え方が前向きになると，友だちと会うことを今後も続けるようになり，そのほかの外出の機会にも積極的になる（図表2-3）。

［２］「活動」と「気分」を記録する

「活動」のあり方は，「感情」のあり方と関連性がある。そのことを確かめる方法の１つは，活動や気分の記録をとることである。「楽しさを伴う活動」の記録法の例は，さきにカレンの例で示した，活動のチェック表である。そのチェック表を少し修正して示したのが，図表2-4である。

また，「感情」の記録法として，ステッフェンらが紹介しているのは，次のような方法である。すなわち，その日の気分を９段階で評価する。１が「とても寂しい気分」，９が「とても幸福な気分」，まん中の５が「まあまあの気分」とする。その日の気分を，１から９までのいずれかの数字で表わす。ステッフェンらが示している表を少し修正して示したのが，図表2-5である。

この「活動」と「感情」のあり方をチェックすることで，活動と感情が関連していることを確かめることができる。すなわち，活動の量が多い日は幸せな気分が強く，活動の量が少ない日は寂しい気分となる傾向である。

たとえば，第１章の図表1-1で示したカレンの１週間の活動の数の変化と，それに対応する気分の変化を，１つのグラフに表すと，図表2-6のようになる。気分は９段階評価だが，活動は，その日に行った「楽しさを伴う活動」の数である。火曜日までは活動の数が２つで，土曜日からは活動の数が３つとなっている。

このグラフでは，活動数と気分の評価の対応がそれほど明確ではない。が，土曜日以降に活動の数が１つ増えていることと，土曜日と日曜日に気分の評価が高

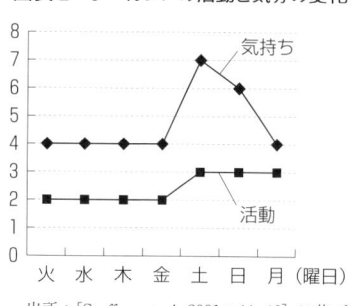

図表2-6　カレンの活動と気分の変化

出所：[Steffen et al. 2001：44, 46] に基づき筆者作成。

くなっていることとの間に，若干の関連性が感じとられる。

2 自分自身を励ます言葉

[1] 否定的思考と肯定的思考

　介護者が「楽しさを伴う活動」を増やすうえでは，さまざまな壁（バリア）がある。そのひとつは，介護者自身の思考，ものの考え方である。たとえば，「楽しいことをする時間があるのなら，その時間をもっと介護にふりむけなければ！」という考え方である。そのような考えは，「楽しさを伴う活動」を行うことを必要以上に我慢することにつながる。本来は，「介護も大切だが，楽しい活動をすることも大切だ」と考えてよいはずなのである。

　したがって，自分自身の否定的な考え方を変えることが重要となる。あるいは，肯定的な考え方をもつように自分自身を励ますことである。介護には，心の中に浮かんでくる後ろ向きの考え方との戦い，という一面がある。自分を元気づける言葉を大切にすることは，介護を続けるうえで力強い味方となる。

　認知症の家族介護者を落ち込ませてしまう否定的思考の例は，たとえば，次のようなものである。「私はもうストレスでいっぱいで，レオン（父親）のためにこれ以上何もできない。」それに対し，肯定的思考の例は，「レオン（父親）が楽しめる活動を計画するのは，努力のしがいがあることだ。」といったものである [Steffen et al. 2001：36 - 37][1]。

[2]「介護者の権利章典」の活用

　介護者の「楽しさを伴う活動」を増やすにあたり，ステッフェンらは，次のような方法を示している [Steffen et al. 2001：13 - 14]。まず，「介護者の権利章典（Caregiver's Bill of Rights）」が示されている。それは，介護者の権利を，箇条

図表2-7　家族のために私がすべきこと

（介護者の権利についての言葉集）
○自分の家族を大切にすることは，とても意味のあることです。けれども，自分自身を大切にすることもまた，同じくらい意味があります。
○自分の身体がつらい時には，しっかりと休むことが必要です。自分自身が健康を保つことは，自分と家族のための，最も大切な努力の1つです。
○すべてがうまくいく生活など，どこにもありません。毎日の生活に，失敗はつきものです。大切なことは，私と家族のために，小さなことであっても，試みることです。
○人に助けてもらうことは，恥ずかしいことではありません。人に助けを求める勇気は，どんな人でももつべき，大切な勇気の1つです。
○いつもにこにこできる人など，いません。ときには腹が立ったり，落ち込んだりするのが人間です。腹が立ったり，落ち込んだりしても，自分自身をせめる必要はありません。
○自分なりに，うまくできたり，がんばったなと感じたりすることがあったら，自分をほめること。それが，自分だけでなく，家族を大切にすることにつながります。

出所：[Steffen et al. 2001：13] を修正し，筆者作成。

書きで示したものである。

「介護者の権利章典」には，たとえば，次のような言葉がある。「自分を大切にする権利が，私にはあります。自分を大切にすることは，わがままなことでではありません。私の家族を大切にするためのエネルギーを，私に与えてくれるものです。」

介護者は，「介護者の権利章典」を読む。そのなかから最も気に入った言葉を，小さなカードに書き写す。そのカードを，冷蔵庫などいつでも見える場所に貼ったり，財布に入れて持ち歩いたりする。そして，気分が落ち込んだ時に，そのカードを読み返す。「介護者の権利章典」に限らず，肯定的思考を表した言葉を，自分で考えて書いてもよい。

自分自身を励ます言葉は，人によってさまざまだろう。たとえば，「捨てる神あれば拾う神あり」といった"ことわざ"がある。簡単に思い浮かべることができる，短い言葉であることが重要である。気分が落ち込んだ時に，自分の好きな言葉を思い浮かべることで，活動に前向きになりうる。

「介護者の権利章典」に含まれる内容をわかりやすく表現し直してみると，たとえば図表2-7のようになる。

3 | アサーティブなコミュニケーション

[1] 自分のための時間をつくる工夫

　家族介護者が自分自身の「楽しさを伴う活動」を増やすことは，たしかにむずかしい。介護や雑事に追われるなかで，「楽しさを伴う活動」のための時間をとることは，困難である。それでも，時間をつくるためにさまざまな方法が考えられる。

　方法の1つは，デイサービスなどの介護サービスの利用である。認知症の家族がデイサービスに行っている間，介護者は，家事などとともに自分の好きなことをする時間をもつことができる。自分の時間をつくるための工夫は，ほかにもいくつか考えられる。ステッフェンらは，次のようなアイディアを紹介している[2]。忙しい日常生活の中で，ほんの少しでも，自分のための時間を確保する工夫である。

　自分の好きなことをしている間は，留守番電話で対応する。それにより，自分の時間が電話で邪魔されるのを防げる。よく電話をかけてくる子どもや友人に，"○時○分から○時○分のあいだは電話をしないで"と頼んでおく。

　また，1日のなかで，認知症の家族についていなくともよい時間帯を見つける。そのような時間帯に，自分の好きなことができる。たとえば，"毎朝8時からの15分間"に，認知症の家族がひとりでもテレビを楽しめているとする。その場合，その15分間を，自分自身のために使うことが可能である。

　もう1つの方法は，友人，隣人，家族などからの助けである。たとえば，"○月○日の午後の何時間か"，認知症の家族と一緒にテレビを見ていてもらう。ただし，家族などに助けを頼む際，どのように自分の希望を伝えるか，自分の気持ちの伝え方が重要となってくる。

［2］アサーティブなコミュニケーション

　ステッフェンらは，自分の考えや希望を他の人に伝える方法をとりあげている。そこでは，3種類のコミュニケーションの型を紹介している。消極的コミュニケーション，アサーティブなコミュニケーション，攻撃的コミュニケーションの3つである。3つの型のうち，消極的コミュニケーションと攻撃的コミュニケーションは，両極端のスタイルである。

　消極的（passive）なコミュニケーションでは，自分自身に敬意をはらわない。攻撃的（aggressive）なコミュニケーションでは，相手に敬意をはらわない。この2つの中間に位置づけられるのが，アサーティブなコミュニケーションである。それは，自分自身にも，相手にも，敬意をはらう関わり方である。3種類の型のなかで最も望ましいとされるのは，アサーティブなコミュニケーションである。

　消極的なコミュニケーションでは，たとえば，相手に遠慮してばかりで，自分の希望を伝えることを，がまんしてしまう。攻撃的コミュニケーションでは，たとえば，相手の言い分を聞かずに，自分の希望を一方的に押しつける。相手の非を強く非難して，相手を追い詰めたりもする。

　パルマーは，この両極端のコミュニケーションを，「ネズミ」と「怪獣」になぞらえている［パルマー 1977＝1994］。ネズミは，消極的なコミュニケーションのたとえである。怪獣は，攻撃的なコミュニケーションのたとえである。ネズミは，「ひっこみじあん」だったり，「恥ずかしがり屋」だったりする。自分の気持ちをうまく伝えることができない。怪獣は，思いやりがなくわがままで，かんしゃくをおこしたり，ふてくされたりする（図表2-8）。

　ふだんの生活の中で，どんな人も，「ネズミ」にも「怪獣」にもなりうる。けれども，「ネズミ」でも「怪獣」でもない方法で，人と関わることもできる。それが，アサーティブな方法である。アサーティブなコミュニケーションでは，たとえば，自分の考えがすぐには受け入れられないとしても，感情的にならない。落ち着いて，自分自身の考えを相手に繰り返し伝える。

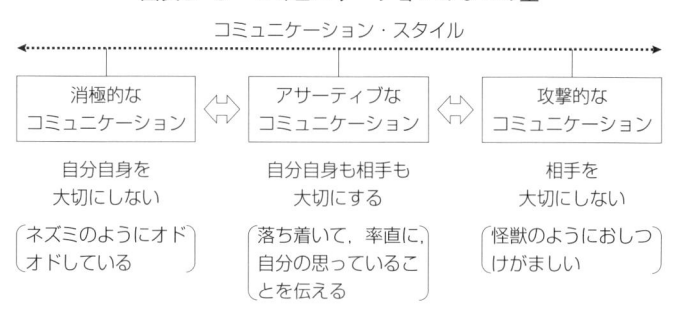

第 2 章 介護者の「楽しさを伴う活動」を増やす

図表 2-8 コミュニケーションの 3 つの型

コミュニケーション・スタイル

消極的な コミュニケーション	⇔	アサーティブな コミュニケーション	⇔	攻撃的な コミュニケーション
自分自身を 大切にしない		自分自身も相手も 大切にする		相手を 大切にしない
ネズミのようにオド オドしている		落ち着いて，率直に， 自分の思っているこ とを伝える		怪獣のようにおしつ けがましい

出所：[Steffen et al. 2001]，[パルマー 1977＝1994] に基づき筆者作成。

［3］家族や友人に手伝いを頼む

　親の介護を子どもが行っている場合，手伝いを頼む相手として，介護者の"きょうだい"が考えられる。しかしながら，きょうだいからの援助が得られていない場合も多い。"自分だけが親の介護をまかされて，不公平だ"，という不満を抱いている介護者も少なくない。その場合でも，親の世話を少しでも手伝ってもらうように，きょうだいに頼むことは不可能ではない。

　その場合，興奮せずに落ち着いた仕方で頼むことが，効果的であると考えられる。アサーティブなコミュニケーションにより頼むことである。もちろん，現実には，アサーティブなコミュニケーションで頼んでも，やはり手伝わないきょうだいも多いかもしれない。が，試してみる価値は十分にある。

　日本文化では，他人を思いやることが重視される。場合によっては，"遠慮"が美徳とさえみなされる。そのため，ネズミのように引っ込み思案な態度をとりがちな人も多い。我慢を重ね続けると，ついに爆発し，怪獣のような態度をとってしまう場合もありうる。アサーティブな態度を飛び越えて，一気に，ネズミから怪獣に変わってしまう。攻撃的なコミュニケーションは，人間関係を決定的に悪化させてしまうことにもつながりうる。

　親の介護に対して，きょうだいが必ずしも協力的ではないことの背景には，介護をめぐる社会的な規範の影響もあるかもしれない。規範は，社会のルール

051

についての人々の考え方である。それは，介護についての人々の「思考」に影響を与える。たとえば，"介護は女の仕事"といったジェンダー規範である［藤崎 2000：153］。この規範に沿い，男のきょうだいは手伝わない，という行動が生じやすいかもしれない。

　社会規範がまわりの人々の考えを拘束しているとしても，その人たちを説得することは，必ずしも不可能ではない。感情を爆発させず，落ち着いた態度で助けを求めることは，結果的にうまくいかなかったとしても意味がある。感情の爆発を防ぐためには，次の節でふれる，リラクゼーションが役に立つ場合もあるだろう。

4　簡便なリラックス法としての呼吸法[3]

　ステッフェンらは，怒りやいらいらといった感情をコントロールするためのリラクゼーション法として，"制御された呼吸法"を紹介している。リラクゼーション法には，呼吸法のほかにもさまざまな方法がある。漸進的筋弛緩法，自律訓練法，系統的脱感作法などである［五十嵐 2001］。これらのなかで，呼吸法は最もシンプルな方法に属する。ほとんどの介護者にとって，学びやすく，実践のしやすい方法である。

　リラクゼーション法を活用するうえで，役に立つ注意点がいくつかある。その1つは，怒りやいらいらという感情が自分の心に生じつつある兆候に，気づくことである。

［1］怒りやいらいらが起こる兆候への気づき

　介護を続けていくなかで介護者は，"怒り"や"いらいら"などの感情に，とらわれてしまうことがある。怒りやいらいらにとらわれると，落ち着いて考え行動することができにくくなる。認知症の人にやさしく接することがむずか

しくなる。また,まわりの人々との人間関係にマイナスの影響を与えることもある。

　そのような強い感情にとらわれた後に,そこからぬけだすのはむずかしい。そうなる前に,怒りなどの感情が生じないようにできれば,大きなプラスとなる。そのためには,強い感情が起こりそうだということに"気づく"ことが,重要である。強い感情が起こる"兆候"に気づくことである。

　強い感情が生じうる兆候の1つは,身体的な兆候である。顔が赤くなったり心臓がどきどきするなどの,身体の状態の変化である。強い感情が生じる前の身体的変化のあり方は,人によって異なる。また,いらいらを増幅させるような考えが頭の中をかけめぐることも,兆候の1つである。たとえば,"どうして自分だけがこんな目に会わなければならないのか"という思いが,頭の中でいっぱいになる。

　しかし実際には,怒りやいらいらが起こる兆候に気づくのは,むずかしいことが多い。それでも,「強い感情が起きる前には何らかの兆候があるのだ」ということを,意識していることは意味がある。たとえば,怒りを爆発させてしまった後に,爆発の前の自分を振り返ってみる。それにより,爆発の前の兆候がどんなものかを,見つけることができるかもしれない。

　以上のステッフェンスらの議論と符合する点が,筆者が関わった家族介護者調査でもみられた。調査の自由回答のなかで,ストレスという言葉を使って自分自身の心理を記した例がいくつもあった。その多くは,認知症の家族の言動に対して,介護者が"いらいら"して怒ってしまう,という回答である。たとえば,次のような例である［古瀬ほか 2011：104］。

- 認知症の本人に毎日怒鳴っているため,自分自身がみにくい顔になっていくことに不安を感じる。実の親子のため遠慮も何もないことから優しくできないこと等,時折,自己嫌悪に陥ることがある。
- しょっちゅう口げんかをしてしまい,イライラがたえません。口は出さないと思っても,つい出てしまうものです。いけないとは思いつつ,もう少しガマン強くなりたいものです。

身内だからこそ遠慮なく怒ってしまう，ということがあるようだ。そして，そういう自分に自己嫌悪を感じている。

[２] 制御された呼吸法
▌1 腹式呼吸の活用
　心を落ち着かせるための方法として，ステッフェンらが勧めているのは，ゆっくりと呼吸をすることである。その際，胸部だけを使って呼吸をするのではなく，横隔膜を上下させて呼吸する方法が重視されている。いわゆる腹式呼吸である。

　横隔膜は肺の下にある膜状の筋肉である。横隔膜が下がると，肺に多くの新しい空気が入る。横隔膜が上がると，肺の中の古い空気が外に押し出される。横隔膜が上下するのを確かめるためには，片方の手を胸のところに置き，もう片方の手を腹部に置く。深く息を吸った際に胸部ではなく腹部がふくらむようにする。息を吐くときには，やはり腹部に力を入れて肺の空気を押し出すようにする。

▌2 呼吸法の手順
　この呼吸を使ったリラックス法を，ステッフェンらは「制御された呼吸法（Controlled Breathing）」と呼んでいる。その練習方法として，次のような手順を示している。

　① 手のひらを太ももに置いた状態で，イスやソファーなどに座る。
　　（足を組んだりしない。頭を楽にしてまっすぐの状態にし，目を閉じる。）
　② お腹が動くのを確認しつつ，心の中で４つまで数えながら，ゆっくりと息を吸う。
　③ 肺が空気で満タンになった状態を感じながら，少しの間，息をとめる。
　④ お腹が動くのを確認しつつ，心の中で４つまで数えながら，ゆっくりと息を吐く。

(息を吐く際にすべての筋肉をリラックスするようにする。)
⑤ 少しの時間，肺のなかがからっぽになったと感じながら，息をとめる。
⑥ お腹を動かす呼吸を確認しながら，以上の呼吸を数回繰り返す。

　重要なのは，深くゆっくりとした呼吸に意識を集中することである。頭の中にわき起こるさまざまな考えや心の動きに対してではなく，呼吸や筋肉という身体の動きに対して注意を向ける。"うまく腹式呼吸ができていないのではないか？"，などと心配したりしなくてもよい。

　このリラックス法で，介護者が抱えているすべての問題が解決されるわけではない。しかし，頭の中をすっきりさせることは可能である。それにより，介護者が抱えている問題を落ち着いて考えることが，できやすくなる。

　以上の方法は，呼吸によるリラックス法としては，一般的な方法であろう。たとえば五十嵐が提示している方法と大きな違いはない［五十嵐 2001：36 − 48］。五十嵐は，床に寝た状態で行ったりする場合やグループで行う場合も紹介している。それに対し，ステッフェンの提示の仕方はシンプルである。ほぼ上記の方法のみ紹介している。次に示す日々の練習法についても，毎日５分間ていど行う，というシンプルな提示の仕方をしている。

3 呼吸法の練習

　"制御された呼吸法"を身につけるためには，繰り返し練習する必要がある。一般に技術は，練習の繰り返しを通して身につくものである。制御された呼吸法も，練習を通して身につく技術の一種である。ステッフェンらは，次のような点に注意をしながら毎日練習を続けることを勧めている。

　１回あたり４分以上，１日に２回以上練習する。毎日続けることが大切で，すぐに効果が出ることを期待しなくともよい。少なくとも最初のうちは，心が落ちついた状態の時に練習するようにする。緊張のレベルが練習の前後で変化しなくても，気にする必要はない。大切なのは毎日続けることである。

　この練習を行うのに必要な時間は，かなり短い。それでも介護者にとっては，

5分という時間を確保するのもむずかしいかもしれない。その場合も，時間をつくるための工夫を活用することができる。たとえば，"毎朝，8時から5分間だけ，認知症の家族がテレビを見ている間に練習しよう"と決める。

また，練習に一生懸命になりすぎて，思ったよりも長い時間，練習してしまうこともありうる。それを避けるには，キッチンタイマーが5分後に鳴るようにセットしておくとよい。

［3］日常の中での呼吸法の活用

認知症の人とともに過ごすなかで，怒りやいらいらといった強い感情にふりまわされそうになる。その前に，身体や心の「危険信号」に気づいた時，"制御された呼吸法"を活用することができる。

たとえば，いろいろなことが頭の中をかけめぐる，心臓がどきどきする，といった「危険信号」に気づく。その時，赤信号が点滅するイメージや，「止まれ」の交通標識を思い浮かべる。そして，「ストップ！ 落ち着いて，ゆっくり呼吸してみよう！」と，心の中で自分に言い聞かせる。

このような状況で，心を落ち着かせるための方法の1つは，認知症の人から一時的に離れて別の部屋に行き，何分間か呼吸法を行うことである。お手洗いでひとりになれるとすれば，お手洗いに行ってもよい。

別の部屋に行くことができない場合でも，その場で立ちどまり，ほんの少しの間，ゆっくりとした呼吸を行うことはできる。1から4まで心の中で数えながら，ゆっくりと息を吸う。1から4まで心の中で数えながら，ゆっくりと息を吐く。これにより，心を落ち着かせることができれば，冷静に考え，判断できるようになる。

以上のように，ステッフェンらは，日常生活の中で呼吸法が活用できる，という点を強調している。このことは，介護者支援にとって重要であろう。リラクゼーション法の一般的なテキストでは，日々の生活での活用法には，必ずしもふれていないように思われる。しかし，介護者の場合，"いらいら"が生じてきて困った時が，このような呼吸法が必要な"時"なのではないだろうか。

5 日本への示唆

[1] 本章のまとめ

○「活動」と「感情」と「思考」は，相互に関連している。3者の悪循環は，引きこもりやうつ状態などを生じさせうる。「感情」を直接変えるのはむずかしい。けれども，「活動」や「思考」を変えることで，「感情」をコントロールする余地が出てくる。

○「楽しさを伴う活動」を増やすことは，「感情」のあり方に肯定的な影響を与えうる。

○介護者が「楽しさを伴う活動」を増やすうえで，「否定的な思考」がバリアとなりうる。それを克服する方法の1つは，「肯定的な思考」を表わす短い言葉を思い浮かべることである。そのためには，その言葉をカードに書いて持ち歩く，などの工夫が有効である。

○介護者が「楽しさを伴う活動」を行えるよう，自分の時間を作る工夫をすることができる。家族や友人に助けを求める際，アサーティブなコミュニケーションが役立ちうる。

○アサーティブなコミュニケーションでは，自分の考えを伝える際に，落ち着いた態度で伝えることが大切である。落ち着いた態度を保つには，自分の"いらいら"の兆候に気づき，呼吸法などのリラクゼーション法を行うことが役立ちうる。

[2] 日本の介護者支援への示唆

　本章でとりあげた「制御された呼吸法」は，身体的な活動により感情のあり方を変える方法の1つである。すなわち，呼吸法では，「活動」が「感情」に影響している。

　日本人の生活を考えてみると，身体的な活動を通してリラックスするという

方法は，日常的に多くの人に実践されている。たとえば，温泉に行く，ゆっくりお風呂に入る，お茶を飲む，マッサージに行く，などである。身体的活動により感情をコントロールするという方法は，日本人に受け入れられやすい方法だと考えられる。

呼吸法などのリラックス法や，温泉やマッサージに行くといった活動は，介護者の"いらいら"をやわらげるうえで，効果があるだろう。介護者がいらいらする場合が多いのは，たとえば，認知症の人と接している時である。

アサーティブなコミュニケーションは，日本人の多くにとって，どちらかといえば苦手かもしれない。いろいろな面に配慮すると，自分の考えをはっきり伝えるのをどうしても躊躇してしまう。家族介護者の場合，このような遠慮は，友人や家族に助けを頼む場面以外でもみられる。たとえば，サービス従事者と話す場面である。サービス従事者の気を悪くすると，認知症の家族へのサービスに悪影響が出るかもしれないと考えてしまう。

逆に，サービス従事者が家族介護者に接する場合も，"家族介護者の気分をそこねないように"という配慮がはたらきうる。そのため，伝えるべきことを伝えない，ということが生じうる。

このように，消極的なコミュニケーションになりがちな介護者にとって，"自分自身を励ます言葉"が大切な意味をもちうる。遠慮をしすぎる介護者にとって，アサーティブなコミュニケーションを行ううえでの壁（バリア）の1つは，自分自身の"否定的思考"である。自分の思うことを相手に伝える権利が，介護者にはある。このような内容を表わす短い言葉が，コミュニケーションを後押ししうる。

1） レビンゾーンらも，否定的思考（negative thoughts）と肯定的思考（positive thoughts）にふれている［Lewinsohn et al. 1986：149 - 151］。
2） ［Steffen et al. 2001：4, 6, 63 - 64］。ここであげるアイディアのなかには，テキストやビデオを見る時間の確保のためのアイディアとして紹介されている事柄も含まれる。
3） この節のまとめは，他の引用注を示した場合を除き，［Steffen et al. 2001：97 - 103, 110 - 115］に基づく。

第 3 章

認知症の症状と「対応困難な行動」

1　認知症の人の症状とアプローチ

［1］中核症状・周辺症状・身体症状

　認知症には，アルツハイマー病や脳血管性認知症など，さまざまな種類があるが，次の点では共通している。すなわち，認知症においては，「脳の器質性変化があり，脳の物質的な異常を基盤とした状態」を呈する［和田・中島 2008：8］。脳じたいの器質的な変化のもとで，認知症にはさまざまな症状がみられる。これらの症状は，中核症状，周辺症状，身体症状の3種類に区分しうる（図表3-1）。

　認知症の中核的な症状は，最近のできごとを忘れたり，ものごとを判断する力が弱くなったり，上手に言葉を使えない，集中力が続かない，場所や時間の感覚が失われる，などである。これらは認知面の障害であり，思考の前提となる基礎的な能力が大きく低下した状態である。

　認知症の中核症状である認知障害は，長い時間をかけて徐々に進行していく。中核症状は，ドネペジルなどの薬により進行のスピードを遅くしたり，軽度の認知症の段階には脳刺激訓練などで改善したりする場合もある。けれども，認知障害は基本的には不可逆的に進行していく。

　いっぽう，"認知症の人"という言葉からイメージされやすいのは，徘徊，興奮，暴言といった，介護者にとって対応がむずかしい行動である。これらの行動は，認知症の中核的な症状ではなく，いわば周辺的な症状である。周辺症状は，近年では「認知症の人の行動・心理症状（BPSD）」と呼ばれることも多い。

　周辺症状やBPSDという言葉が使われる理由の1つのは，"問題行動"よりも中立的な意味合いがあるからだろう。認知症の人の行動を，最初から"問題"だと決めつけるべきではない。が，認知症の人の行動にどう対応したらいいか，介護者が悩むことが多いのも事実である。

図表3-1　認知症の多様な症状

症状の種類	主な症状	アルツハイマー病における各症状の出現傾向
中核症状 （認知障害）	記憶障害（もの忘れ），見当識障害（時間や場所がわからなくなる等），失語，失行・失認など	軽度から終末期まで，中核症状は徐々に悪化していく。
周辺症状 （行動・心理症状）	幻覚，妄想，徘徊，うつ・不安，興奮，暴言・暴力，不潔行為，ケアの拒絶など	とくに中期の前半（多動混乱期）に症状が多くみられる。
身体症状 （身体合併症）	摂食・嚥下障害，失禁，便秘，脱水・低栄養，運動障害（パーキンソニズム等），転倒・骨折など	中期の後半（自発性低下期）や末期（寝たきり期）にも身体症状・神経症状はみられる。

出所：［山下・天野 2008］，［加藤 2008］，［藤沢 2009］に基づき筆者作成。

　認知症の周辺症状は，環境をととのえたり，まわりの人の対応の仕方を変えたりすることなどによって，変化しうる。この点が，中核症状との違いである。周辺症状は，脳の器質的な変化よりもむしろ，まわりの人の対応など環境のあり方によって大きく影響を受ける症状である。

　認知症の人がもちうる症状のもう1つの側面として，身体面の症状をあげることができる。認知症の人の身体症状は，「身体合併症」と呼ばれることもある［松原 2007］。認知症の人の多くは高齢者であり，一般の高齢者と同様，認知症以外の病気や身体的な症状をさまざまにもっていることが多い。たとえば便秘，脱水状態などがある。このような身体症状は認知障害があるために増幅されやすい。たとえば，認知障害があるために，水分を自分で意識してとることがむずかしく，脱水状態になりやすい。水分をとらなかったり，生活が不規則だったりすると便秘になりやすい。

　また，器質的な変化が脳のどの場所に生じるかによって，身体症状に影響することもある。たとえば，嚥下に関係する脳の部位に変化が生じると，食べ物をうまく飲み込むのがむずかしくなる。排尿に関わる脳の部位に変化が生じる

と，尿失禁がおきやすくなる。

　なお，周辺症状という言葉は，"中核症状以外の症状"という意味でも受け取られる可能性があるように思われる。その場合，身体症状も周辺症状に含まれることになる。意味を明確にするために，以下，周辺症状という言葉ではなく，行動・心理症状という言葉のほうを使うこととする。

[2] 認知症の症状への多様なアプローチ
◼ アプローチの多様性

　以上のような認知症の症状への対応方法を整理してみると，図表3-2のようになる。これらは，次の2つに区分される。薬物による治療（以下，薬物療法）と，薬物を使わない対応（以下，非薬物的アプローチ）の2つである。その場合，薬物療法以外は，すべて非薬物的アプローチに分類される[1]。

　中核症状である認知障害への対応は，薬物療法が中心となる。ドネペジルなどの薬により，進行を遅らせたり，症状を和らげたりする可能性がある。

　行動・心理症状（BPSD）への対応は，非薬物的アプローチにより改善を図ることを基本とする。そして，必要な場合には，抑肝散などの薬の服用を行う。抑肝散は漢方薬で，副作用が比較的少ない［藤沢 2009：171］。

図表3-2　認知症の人に対する治療・アプローチの多様性

治療・アプローチの種類	担い手
・薬物療法（ドネペジル，抑肝散など） ・全身体的管理（身体症状の予防・対応など）	医師を中心に行われる。 （医師による治療のほか，看護師や介護者による部分もある）
・（コミュニケーションを基本とした）リハビリテーションや作業療法 ・精神心理的療法（バリデーションなど）	作業療法士などの専門家による。 （介護者が専門的訓練を受けたうえで行なう場合もある。）
・環境調整（役割意識を持つ環境づくり） ・個性を尊重し個人に焦点をあてたケア	介護者を中心に行われる。

出所：［藤沢 2009］に基づき筆者作成。

身体症状への対応では，症状に合わせた薬の服用や，医師や看護師，介護者などによる全身体的管理が重要となる。なお，全身体的管理は，家庭や施設における介護者が担う部分もあると考えられる。

2 全人的モデル：その人を中心としたケア

以上のように，認知症の症状への対応においては，多様な方法を組み合わせることが重要となる。薬物療法などの医学的アプローチのみに限定する方法は，狭い意味での「医学的モデル」と呼ばれる。それに対して，さまざまなアプローチを含む総合的な対応方法は，「全人的モデル」とも呼ばれる。「全人的モデル」では，認知症の人の立場に立って，その人の生活歴や個別性を重視しながら，本人の"生活"を支援する［藤沢 2009：168］。

この「全人的モデル」を的確に表現した言葉の1つが，「パーソンセンタードケア」であろう。この言葉に関わる中心人物は，イギリスのキットウッド（Tom Kitwood）である。「パーソンセンタードケア」は，「その人を中心とするケア」という意味である。

キットウッドは認知症ケアマッピング（DCM）という支援方法に深く関わった人物である。それと同時に，認知症の人への支援の基本として，「その人らしさ（パーソンフッド）」を尊重する支援の重要性を強調した［キットウッド 1997=2005］。パーソンセンタードケアは，DCMという支援方法のみに限られず，より広く，認知症の人への支援の基本的な考え方を表現したものといえる。

2 対応困難な行動の諸要因

［1］行動・心理症状に影響する諸要因

行動・心理症状が起こる要因には，さまざまなものがある。図表3-3に示したように，「中核症状」と「身体症状」に加え，「環境因子」と「個人因子」が，

図表 3-3　行動・心理症状に影響する多様な要素

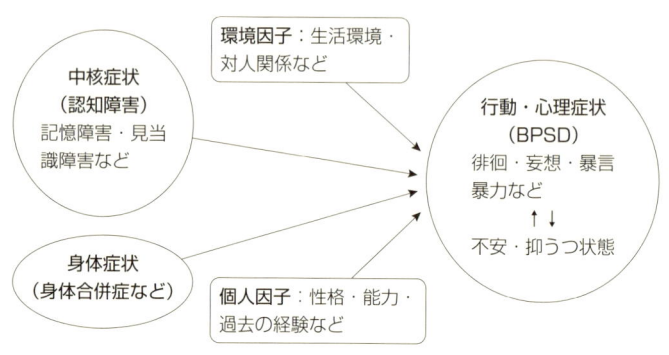

```
        環境因子：生活環境・
         対人関係など
  中核症状
 （認知障害）              ───→  行動・心理症状
 記憶障害・見当                    （BPSD）
 識障害など      ───────→    徘徊・妄想・暴言
                              暴力など
                               ↑↓
  身体症状       ───────→    不安・抑うつ状態
 （身体合併症など） 個人因子：性格・能力・
                 過去の経験など
```

出所：[加藤 2008]，[藤沢 2009]，[Logsdon 2008]，[山下・天野 2008] に基づき筆者作成。

要因となりうる[2]。次に，これらの諸要因について，ログズドンに依拠しながら，ひととおりみておこう[3]。

1 中核症状（認知障害）

アルツハイマー病の場合，認知障害のあり方には違いがある。軽度の時期から中期にかけては，主に記憶障害や判断力の低下，言葉によるコミュニケーション能力の低下などがみられる。中期から後期には，それらに加えて，集中力の低下，指示に従って行動する能力の低下，非言語的なコミュニケーション能力の低下などがみられる。これらに対応するためには，たとえば次のような工夫が考えられる。

- 「～をしてください」と指示をする場合，1度にたくさんの指示をせず，1つずつ指示をする。
- 長く説明することを避け，わかりやすく話す。
- わかりやすい選択肢を2つ示し，自分で選択できるようにする。

2 身体症状

アルツハイマー病の場合，軽度から中期にかけて，次のような身体症状がみ

られることが多い。視力や聴力，服薬，急性の病気（たとえばインフルエンザ，頭痛），慢性の病気（たとえば，関節痛，心臓病）などである。中期から後期には，それらに加えて，次のような症状がみられやすい。身体の痛み，のどの渇きや空腹感，身体の疲れ，トイレに行きたくなること，衣服や靴などが体に合わないことなどである。

このように，行動・心理症状に影響する身体症状は，"身体合併症"と呼びうる病気・症状だけではない。痛みや疲れ，尿意などの，生活の中でだれもが感じる身体の状態も，行動・心理症状に影響する。その背景には，自分の状態を他の人にうまく伝えたり，自分でトイレに行ったりするのがむずかしいことも，関連している。そのためにいらいらが増し，対応困難な行動が生じることもありうる。認知症の人の身体症状に対応するためには，介護者の側で身体症状に気づくことが必要となる。身体症状に対応する方法の例は，次のようなものである。

- 補聴器を調整する。
- 飲む薬の量や種類を変更する。
- なるべく頻繁に食べ物や水分を提供する。
- 定期的にトイレに連れて行く。

3 環境因子（生活環境・対人関係など）

行動・心理症状には，生活環境や対人関係などが影響する。アルツハイマー病の初期から中期にかけて，次のことが影響しうる。ふだんの日課と違うことをする。慣れない場所で過ごす。慣れない人々と一緒にいる。まわりが散らかっている。せかされる。これらに加え，中期から後期にかけては，次のことが影響しうる。大きな音。照明が明るすぎたり暗すぎたりすること。わかりにくい案内表示。落ち着かない状態の人がまわりにいること。これらの要因に対し，次のようなことが有効でありうる。

- ふだんの日課をなるべく変えない。
- 初めての人や場所にはゆっくり慣れるようにする。

- 落ち着くことができる静かな場所をつくる。
- 1つずつ,ゆっくりと活動を行う。
- 本人が落ち着かない時間帯がある場合,その時間帯には,むずかしい活動を行わないようにする。

4 個人因子（性格・能力・過去の経験など）

ログズドンはさらに,行動・心理症状に影響する要因として,さまざまな個人的な特質をあげている。それらは次の3つに区分できるように思われる。

① その人の「個性」に関わる要素（性格,関心,好きな活動,それまでの家族関係のあり方,以前の職業など）
② その人の「能力」に関わる要素（変化に対する適応力,対人関係の能力,日常生活で発揮しうるさまざまな技能や対処能力など）
③ その人が過去に経験した「精神的困難」に関わるような側面（過去の精神的問題,虐待の経験,アルコール依存や薬物依存の経験など）

［2］行動・心理症状の例：徘徊

以上の4つの要因が絡まり合いながら,認知症の人に影響を与える。たとえば,徘徊についてのログズドンらの研究は,諸要因の影響の仕方が,人によって多様であることを示している [Logsdon et al. 1998]。徘徊する認知症の人のタイプが,次のように4つに区分されている。

(1) 認知障害の程度はそれほど重くなく,徘徊の頻度もそれほど多くない場合がある。そういう人の場合,出入り口に"止まれ"などの表示をつけたり,いざという時に身元がわかる物（ブレスレッドなど）を身につけたり,アルツハイマー協会が行っているセイフリターンプログラムに登録することが役立つ（セイフリターンプログラムについては,第5章を参照）。
(2) 環境からの刺激が少なく,1人でじっとしていることが多い場合がある。この場合,寂しさや孤立感から抜け出そうとして,一種の身体的な"活動"として徘徊を行う。このような人に対しては,ふだんからさまざまな"楽し

さを伴う活動"に関われるようにすることが，徘徊の予防ともなる。
(3) 深刻な不安やうつ状態が，徘徊に影響している場合がある。この場合，うつと不安に関する専門的な診断に基づき，適切な服薬治療を行う必要がある。また同時に，"楽しさを伴う活動"を増やす援助を行う必要がある。
(4) 認知障害の程度が重く，徘徊の頻度も多く，そのほかの行動・心理症状も多くみられる場合がある。その場合，詳しく調べてみないと，何が徘徊やその他の症状の原因になっているかわからない。また，本人の安全を確保するため，常時の見守りを必要とする。

　以上のように，認知障害の程度によって徘徊の現れ方は違ってくる。身体症状としては，(2)のタイプでは"運動不足"の場合もあると考えられる。運動不足解消のための徘徊もありうる。また，環境因子として，(2)のタイプに関わっているのは，"することがない"という環境である。また，(3)のタイプでは，不安やうつ状態という心理症状が，徘徊に影響している。

［3］行動・心理症状と"対応困難な行動"

　認知症の症状のなかで，介護者にとって"対応困難な行動"となりうるのは，主として行動・心理症状（BPSD）である。ただし，行動・心理症状のすべてが，対応困難であるわけではない。行動・心理症状と"対応困難な行動"の関係について，確認しておきたい。

　行動・心理症状は，行動症状と心理症状の2つに分類することもできる［山下・天野 2008］。徘徊や暴言，暴力的な行動などは，行動症状である。これらの大部分は，介護者にとって対応困難なものとなりやすい。心理症状は，不安や抑うつ状態，幻覚，妄想などである。

　心理症状のうち，幻覚や妄想は，たとえば"物盗られ妄想"として他者の目に見える行動となって現れ，介護者が対応に困る場合もある。不安は，心配ごとをしきりに口にすることや，落ち着かない体の動きとして，目に見える行動として現れうる。抑うつ状態は，死にたいと口にする，部屋から外へ出ない，といった行動として現れうる。

このように，大部分の行動症状や心理症状の一部が，介護者にとって対応に困る行動となりうる。不安や抑うつ状態などの心理症状は，そのほかの行動・心理症状をさらに悪化させうる。また，行動・心理症状のなかには，認知症の人自身の生活の質に，悪影響を及ぼしうるものもある［Teri and Huda 2004：35］。たとえば，徘徊が，本人の怪我や命の危険に結びつく可能性もある。

　なお，ステッフェンらは，次の点に注意を喚起している。介護者側の感じ方，考え方により，"対応困難な行動"が対応困難ではなくなる場合がある，という点である。たとえば，ソファーで服を着たまま寝ようとする認知症の人がいるとする。服を着がえさせて寝室につれていくのが大変だと，介護者が感じる。しかし，実は，服を着がえずにソファーで寝ても大きな問題がないかもしれない。その場合，そのままソファーで寝かせることが，解決法となりうる［Steffen et al. 2001：72, 74］。

3 ｜ 認知症の人と介護者のコミュニケーション[4]

[1] コミュニケーションに関する3つの視点

　対応困難な行動はどのように生じるか。介護者は，その行動にどう対応するか。この問いに対し，前節で示した4つの要因とそれへの対応例は，ある程度有効な答えとなりうる。しかし，行動がどのように生じるのか，より具体的に考えるには，コミュニケーションの過程に沿って考えることが役立つ。

　認知障害があることで，コミュニケーションの過程に困難が生まれる。その困難を少なくする配慮が，介護者に求められる。このことを考える際，スウェーデンの老年看護学者，アスリンとノーバーグの示したモデルが参考になる［Athlin & Norberg 1987］。そのモデルは，重度の認知症の人への食事介助を把握するために，活用されたものである。たとえば，自分で食べることがむずかしい認知症の人に，介護者がスプーンで介助を行う場面である。その過程は，図

第3章　認知症の症状と「対応困難な行動」

図表3-4　食事介助におけるコミュニケーション

（認知症の人）
食物を口に含む。かむ。飲み込む。次の1口のために口をあける。
⇨
（介護者）
食物を飲み込み，口をあけたことに気づく。
⇨
（介護者）
次の1口を欲していることを理解する。

認知症の人　　　　　　　　　　　　　　　　　　　　　　　　　介護者

（認知症の人）
食物が提供されつつあることを理解する。
⇦
（認知症の人）
スプーンの上の食物に気づく。
⇦
（介護者）
スプーンに食物をのせて口に近づける。

出所：[Athlin and Norberg 1987] に基づき筆者作成。

表3-4のように表現しうる。

　このモデルで使われるキーワードの1つが，「合図（cues）」である。合図を発することと合図を受け止めて理解することを交替し合いながら，コミュニケーションが続けられる。この場合の合図は，言葉のみにとどまらない。表情やしぐさ，具体的な行動も含まれる。

　図表3-4の場合，次の行動が，相手にとっての「合図」でありうる。介護者が「スプーンに食物をのせて口に近づける」という行動。認知症の人が「次の1口のために口をあける」という行動。合図が明確なものだったり，あいまいなものだったりすることが，コミュニケーションのあり方に影響する。

　もう1つのポイントは，注意の持続である。アスリンらはとくに，感受性（sensitivity）を説明するなかで，次の点を強調している。食事介助を受けるなかで，認知症の人は，介護者が示す合図への注意が持続しにくい。これと同様の着眼は，アメリカの老年看護学者，ヴァン・オートとフィリップスにもみられる [Van Ort & Phillips 1992]。

　さらに，相手についてよく知ることは，コミュニケーションに肯定的な影響をもたらす。たとえば，認知症の人について介護者がよく知ることは，食事介助をしやすくする。また，相手をよく知ることで，相手を「ひとりの人間」としてイメージしやすくなる。

　以下，アスリンらやヴァン・オートらに依拠しつつ，次の3つの点について

検討する。「合図の明確さ」,「注意の持続」, そして「相手をよく知ること」である。

[2] 合図の明確さ
◼ "理解のむずかしさ"への対応

　認知障害は, 合図に気づき, 理解するという過程に困難を生じさせる。その困難に対応するために, 介護者は, わかりやすい合図を示す必要がある。このことは, スプーンの上の食物を認知症の人が口の中に取り込む場面にも, あてはまる。

　食べることをうながすために, 介護者が用いる合図の例として, ヴァン・オートらは, 次のような例をあげている[5]。スプーンの上に食物をのせた後, 認知症の人に向かって体を傾ける。その人の名前を呼ぶ。その人の身体に触れる。わかりやすい合図だと, 認知症の人は, 次の1口が提供されつつあることに気づきやすく, また理解しやすくなる。

　明確な合図は, 認知症の人とのコミュニケーション全般にとって重要である。ステッフェンらは, 認知症の人とのコミュニケーションの方法として, 次の点をあげている [Steffen et al. 2001：39, 76]。
- 声をかける際には, 前からゆっくりと近づき, 目を合わせる。
- 本人の名前で呼ぶ。
- 話を始める前に, 自分がだれかを言う。たとえば, 娘であることを説明する。
- ゆっくり話し, コミュニケーションの際に時間をとる。
- 短く単純な言葉を使う。1度に1つのことだけを表現する。
- 言いたいことを伝えるため, 場合によっては, 簡単なジェスチャーを使う。

　バージオらによれば, 簡単なジェスチャーとしては次のような例がある。「いいえ」の意味で, 首をふる。「とまれ」の意味で, 手のひらを広げて前に出す。「こちらに来て」と伝えるために, 手まねきする。また, 場合によっては, 理解を迷わすようなものをそばに置かないことも必要である。たとえば, リモコンや鏡が認知症の人にとって不可解なものである場合, そばに置かない。こ

れにより，「同じ質問の繰り返し」という対応困難な行動を，避けることができる場合がある［Collins et al. 2004：54 - 55］。

2 "反応のむずかしさ"への対応

相手の示す合図を受け止め，その意味を解釈したあと，何らかの反応がなされる。認知症の人の場合，言語による反応をつくり出すのに，時間が長くかかるようになる。言葉を選び，順序だてて話すことがむずかしく，時間がかかる。認知症が進むと，はっきりしない言葉しか使うことができなくなる。

また，言葉を話すことだけでなく，さまざまな動作を行うことがむずかしくなる場合がある。たとえば食事の場面には，次の一連の行動が含まれる。口をあける。食物を取り込み，口をとじる。食べ物をかむ。飲み込む。認知症が進むと，食事の際に，スプーンなどの道具をうまく使うことができなくなる場合もある。

介護者の合図に対して，認知症の人が答えたり，何かを行ったりすることがむずかしい場合，ステッフェンらは次の方法を介護者に勧めている［Steffen et al. 2001：38 - 39, 75 - 76］。

- 簡単な選択肢を示す。たとえば，「今日はどこを散歩しましょうか」ではなく，「公園で歩きたいですか，ショッピングモールで歩きたいですか」とたずねる。
- 質問をした後，認知症の人が答えるまで，ゆっくり待つ。たとえば，質問をした後，心の中で5つ数える。
- 「はい」「いいえ」で答えられる質問を使って，認知症の人の意図を推測する（認知症の人は，痛み，空腹，尿意などのニーズを表現するのがむずかしい場合がある）。
- 自分を表現するための言葉を探すのを，手伝うようにする。
- 認知症の人が間違ったことを言っても，怒ったり，間違いを指摘したりしない。
- 正しい言葉を探せなくて認知症の人がいらいらしている場合，「またあとで

その話に戻りましょう」と言うことが適切な場合がある。
- 何の反応もなくても，コミュニケーションをやめないようにする。認知症の人は，介護者の存在や声や気分を認識しているかもしれない。
- １度に１つの指示を出す。それぞれの活動をいくつかの段階に分けて，１つの段階ずつ指示を出す。たとえば，「歯を磨いてください」という言い方では歯を磨くことがむずかしい場合，次のような方法をとる。「歯ブラシをとってください」,「(歯ブラシをとるのを待ってから)口を開けてください」と１つずつ指示をする。

ステップ・バイ・ステップで１度に１つの指示を出すという方法は，さまざまな場面で応用しうる。バージオらがあげている例は，居室からトイレに一緒に行く場面である。その際には，次のような言葉から始めることができる。「こんにちは。私はあなたの娘の〔名前〕です。あなたがトイレに行くのをお手伝いしたいと思います。どうぞ立ってください」[Collins et al. 2004：47]。

「はい」「いいえ」で答えられる質問が，適切でない場合もある。バージオらは，次のような例をあげている。「食べますか？」と聞くと，必ず「いいえ」と答えてしまう認知症の人がいるとする。その人には，「いいえ」と答える余地のない声かけのほうが適切である。たとえば，「食事の時間ですよ」といった声かけである。なお，１度にすべての食事を出すと混乱して食べられない場合には，皿に少しずつ食物をのせるとよい［Collins et al. 2004：49 - 50］。

3 ささいな合図に介護者が気づく

認知症の進行とともに，明確な言語的・非言語的合図を発することがむずかしくなる。認知症の人が示す合図は，はっきりしない，ささいな合図，あいまいな合図になりがちである。介護者は，それに注意を向ける必要がある。

食事介助において介護者は，どのタイミングで次の食事をスプーンにのせて口元にもっていくか，判断しなければならない。その判断の際に，認知症の人が示す特定の合図に気づくことが重要となる。次の１口を提供することを介護者に促すために，認知症の人が示す合図である。

認知症の人が示すささいな合図の例は，ヴァン・オートとフィリップスによると，次のようなものである[6]。前に頭を傾ける。食物に近づく。上のほうに頭を向ける。次の1口を待って口を開ける。短い言葉を発する。

4 同調過程

認知症の人のささいな合図に介護者が気づき，よく理解できるようになるためには，時間が必要である。認知症の人も，同じ介護者の介護を何度も受けることで，介護者の示す合図に気づきやすく，理解しやすくなる。お互いが介護を通して何度も向き合うことで，よりよく気づくことができるようになる。

そのことを，アスリンらは「同調（synchrony）」という言葉で表現している。コミュニケーションを繰り返し行うなかで，お互いの行動がスムーズに行われるようになる。同調を意味する"シンクロナイズ"という言葉からは，シンクロナイズド・スイミングが想起されうる。シンクロナイズド・スイミングでは，泳いでいるお互いの行動を調整し合うために，時間をかけた練習が必要となる。

アスリンらは，「同調」はダンスに似ているとして，次のような説明を行っている。相互に作用し合い活動を調整し合う2人は，まるでワルツを踊っているように見える。一方が主に動き次にもう一方が主に動く，という繰り返しがある。また，両者が同時に同じ動きをすることもある。たとえば，"笑う"という活動は，時に，両者が"笑い合う"という活動となる［Norberg & Athlin 1987：545］。

［3］注意を持続し，"いらいら"に対応する
1 認知症の人の"注意の持続"

ヴァン・オートらによると，介護者の行動が，認知症の人の食事への注意を保つのに役立つ場合がある。次のような行動がそれにあたる[7]。認知症の人に話しかける。次の1口までの間に飲み物を提供する。継続的に利用者に触れている。また，「待つ」ことも重要である。次の1口を欲していることを示す合図を認知症の人が発するまでには，時間がかかる。介護者は，その人の様子を

見ながら待つ必要がある。

　逆に，介護者の次のような行動は，認知症の人の食事への注意を失わせる[8]。認知症の人が示す合図に反応しそびれる。他の人を援助するために時々席を立つ。他の人とおしゃべりをする。また，通りかかる人，テレビの音などの雑音，薬の投与等も，食事への注意を失わせる。

　これらに配慮して介護を行うことは，認知症の人の"介護者に対する関心"をも高めうる。アスリンらは，同じ介護者が食事介護を繰り返し行うことは，認知症の人に次のような変化をもたらすと指摘している。すなわち，その介護者の存在を意識するようになり，食事をしながら介護者の動きを目で追うようになる，といった変化である。

　以上のことは，認知症の人とのコミュニケーション全般にとっても重要である。ステッフェンらは，コミュニケーションの方法として，次の点をあげている［Steffen et al. 2001：39, 75 - 76］。

- 話しながら，手か腕に優しくタッチすることは，次の効果をもつ。認知症の人の注意を向けさせる。介護者が認知症の人を気にかけていることを伝える。
- 言葉や声の調子に気をつける。落ち着いて親しみをもって表現する。認知症の人は，話すことがむずかしくても，介護者がどんな言い方をしているかを，理解しているかもしれない。
- 雑音や，気を散らすようなものを取り除く。

　バージオらも，介護者の態度や表情に注意すべきだと指摘している。介護者のいらいらした態度を，認知症の人に見せないことが重要である。介護者の怒りやいらいらは，ボディ・ランゲージを通して，認知症の人に読み取られる可能性がある。そのことは，認知症の人の怒りや混乱を増幅させ，そして「暴言（Verval Aggression）」などの攻撃的な行動に結びつきうる［Collins et al. 2004：64］。

2 認知症の人の"いらいら"などへの対応

　認知症の人が"いらいら"などの感情をつのらせる，といった事態にどう対

処するか。その方法の1つは，"いらいら"を示す兆候に介護者が早めに気づくことである。これは，前章でふれた，リラクゼーション法に関するステッフェンらの議論と重なる。前章でふれたのは介護者の側の兆候だが，ここで焦点を合わせるのは認知症の人の側の兆候である。

　バージオらによれば，認知症の人の"いらいら"を示す兆候の例は，そわそわする，うろうろする，大声で話す，などである。事態が悪化する前に，兆候に気づいて適切に関わる必要がある。たとえば，次のような関わり方である［Collins et al. 2004：59 − 60］。

- やわらかく低い声で，落ち着く話し方をする。
- 否定せず，話を受け入れる。話題を変える。
- ベッドメーキングの手伝いなど，簡単な仕事を頼む。
- 静かな部屋に行くなど，場所を変える。

　また，バージオらによれば，認知症の人が自分の感情を表現する機会をつくることも，重要でありうる。"不安"や"心配"の兆候がみられた場合，次のように接しうる［Collins et al. 2004：62］。

- "心配事があるように見える"ことを伝える。
- 話したいことがあるか，たずねる。認知症の人の話に耳をかたむける。
- 安心できる言葉をかける。たとえば次のように言う。「あなたがそう感じるのは，よく理解できます。あなたには，ずっとここに一緒にいてほしいと思っています。そのことを，忘れないでください。」

　また，認知症の人にとってストレスがかかるケアは，時間帯を選んで行うべきだと，バージオらは指摘している。たとえば，入浴がストレスを伴うことだとする。その場合，その人が最も落ち着いている時間帯に，入浴を行うようにする。たとえば，朝食後が落ち着いている時間帯なら，朝食後に入浴を行う［Collins et al. 2004：63］。

3 介護者の"注意の持続"

　認知症の人の"注意の持続"とともに，介護者の側の"注意の持続"も重要

である。ヴァン・オートらによると，食事介助において認知症の人の示す行動が，介護者の側の肯定的態度を強める場合がある。たとえば，介護者に言葉を発する，介護者にタッチを続ける，介護者を見る，といった行動である[9]。

逆に，認知症の人の行動が，介護者をあわてさせたり，介護をする気をなくさせてしまう場合もある。たとえば，食物を吐き出す，口をあけるのを拒む，差し出されたスプーンを手でブロックする，といった行動である[10]。これらは，必ずしも意図的に悪意をもってなされているわけではない。介護者は，認知症の人が示すこのような合図に対して，あわてずに対応する必要がある。

同様のことは，食事以外の場面でもみられる。たとえば，認知症の人の同じ言葉や質問の繰り返しは，介護者の側のいらいらを増幅させる可能性がある。ステッフェンらは，次のような対応方法の例をあげている［Steffen et al. 2001：39, 75 – 76］。

- 認知症の人が，意味のないような言葉や，関係のないような言葉を繰り返す場合がある。その際，介護者は，それを無視して話を続けるのが適切である可能性がある。これは，後述する「意図的無視」という方法と重なる。
- 同じ言葉や質問を繰り返すのは，自分が話したことをすぐに忘れることによるのかもしれない。その際には，認知症の人の注意を他の活動に向け直すことが，適切な対応法でありうる。
- 同じ言葉や質問の繰り返しは，"寂しさ"など，何らかの感情を示しているのかもしれない。その場合，落ち着いた態度で，安心できるような仕方で答えるようにする。

もちろん，ステッフェンが示すこれらの方法が常に適切な対応，というわけではない。その時ごとに判断してゆく必要があろう。なお，介護者の側のいらいらに関して，ステッフェンは呼吸法の活用を勧めている。前章でとりあげた，"制御された呼吸法"である。自分のいらいらに気づいたら深呼吸をする，という方法である。

また，バージオらは，認知症の人に暴言などがみられた場合の対応法の1つとして，介護者がその場から離れる，という方法を示している。家の外に出て

庭仕事をしたり，リラックスできる音楽を聴いたり，友だちに電話したりする，といったことである［Collins et al. 2004：64］。

"物をなくす"という認知症の人の行動に関して，バージオらは，介護者の側の理解も重要であると指摘している。すなわち，「認知症の人は，わざと物をなくしているわけではない」という理解である。認知障害があるために生じるのだ，という理解である。このような理解に基づいて，なくなった物を一緒に探す，といった対応をしていくことが考えられる［Collins et al. 2004：58］。

認知症の人が，"寂しさ"を示す行動をとる場合がある。たとえば，"泣く"という行動がある。バージオらによれば，その場合に重要な対応の1つは，介護者が次のように理解することである。認知症の人が寂しく感じたり泣いたりすることは，自然なことである。人が，泣きたい時に泣くことじたいは，問題とはいえない。介護者の対応が悪いわけではない。介護者が自分自身を責めないことが，大切である［Collins et al. 2004：66］。

［4］認知症の人をよく知ること

■1 本人にわかりやすい合図を出しやすくなる

さらにアスリンらは，認知症の人のことをよく知ることの重要性を強調している。認知症の人が明確な言葉で話すことができる時期に，介護者にできることがある。前もって，その人の性格や好み，好きな言葉などを，よく知っておくことである。そうすれば，認知症の症状が進んだ時に，その知識を役立てることができる。たとえば，その人がよく使っていた表現や，子どもの頃から慣れ親しんだ言葉で話しかける。すると，その人に受け入れられやすくなる。

認知症の人本人についてよく知ることにより，介護者は，その人にとって"わかりやすい合図"を出しやすくなる。このことに関連する議論を，老年看護学者のシェルとケイザージョーンズが行っている。シェルらは，社会学の象徴的相互作用論（symbolic interaction）に依拠して，次のように述べている。

象徴的相互作用論の中核となる概念は，役割取得（role taking）である。

役割取得は，"他の人の見方に立って世界を見ることのできる能力"をさす概念である。象徴的相互作用論の研究者たちは，人間関係を取り結ぶ能力が，役割取得の能力に支えられていることを主張する。すなわち，人間関係において適切にふるまうことができる能力は，役割取得の能力にかなりの程度依存している。"その人の立場に身をおく"ことによって，他の人間の生活がどのようなものかを想像できる。

　介護者の場合には，患者あるいは利用者の役割をとることである。そうすることで，介護者は，患者あるいは利用者が，次のような事柄に関して，どのようにしてほしいかがイメージできる。どのように接してほしいか。どのように食事や入浴の介助を受けたいか。どのように支援を受けたり，話しかけられたりしたいか。

　このように，役割取得は，共感の基礎であり，相手への尊敬に満ちたケアの核心にあるものである。介護者のなかには，利用者のことを，さまざまな感覚をもち，さまざまな感情が生じる"もうひとりの人間（another human being）"としてみることのできる人がいる。そのような介護者は，そうでない介護者とは異なるかたちで，利用者に接することができるだろう。たとえば，利用者のことを，ケアを必要とする"もうひとつの身体（another body）"とだけみる介護者とは，接し方が異なるであろう。

　役割取得の概念は，介護者の行動を解釈するための枠組みを提供する。また，次の疑問への答えを考え出すための枠組みをも提供する。なぜ，共感をもって，想像力を生かしたケアをする介護者がいる一方で，業務をこなすことに集中し，機械的な態度で利用者に接する介護者がいるのか。

〔Schell and Kayser-Jones 1999：39〕

　シェルらは，"その人についてよく知ること"の重要性を強調しているわけではない。けれども，シェルらの議論に沿って，"その人をよく知ることで，その人の見方でみることができやすくなる"と考えることができる。なお，シェルらは，他者の立場に立って考えることができる力を高めるための，介護者

教育の重要性を示摘している。たとえば，食事介助に関して，次のような教育方法を提案している [Schell and Kayser-Jones 1999]。
- 仕事以外の場での最近の自分自身の食事のうち，楽しかった食事を思い出して，その様子を文章に書いてみる。
- 仲のいい親戚を食事でもてなす時に，どうするかを考えてみる。
- 介護者同士で食事介助をし合い，その時に感じたことを振り返ってみる。

2 "ひとりの人間"としてのイメージの保持

　その人をよく知ることの意義は，さらに，もう1つある。認知症の人本人についてよく知ることは，その人を"ひとりの人間"として理解するのに役立つ。アスリンらは，次のように論じている。

　認知症の症状が重くなるにつれて，介護者は，その人が"ひとりの人間"であるというイメージをもちづらくなる。それでも介護者は，その人に対して"ひとりの人間"としてのイメージを保つべきである。過去にさまざまな能力や独特の個性をもった人物であった，というイメージである。

　"ひとりの人間"としてのイメージを保つためには，本人をよく知っていることが必要となる。たとえば，本人の個人史（personal history）についての知識が役に立つ。認知症が重度の段階に進んだ時に，目の前にいる本人に，その人の過去を重ね合わせる。そのことで，目の前にいる人を，長い人生を生き抜いてきた"ひとりの人間"として，みることができやすくなる。

　アスリンらの以上の議論は，"わかりやすい合図"が出せるようになることとは，別のことである。目の前にいる人についての肯定的イメージを，介護者の心の中で作り上げることである。認知症の人を"ひとりの人間"として理解するためにも，同じ介護者が長く関わることはやはり重要である。頻繁に担当者が変わる組織体制は，そのようなイメージを保持するのをむずかしくする。

4 | 日本への示唆

［1］本章のまとめ

本章での検討を簡潔にまとめると，次のようになる。

○認知症の症状は，3種類に区分しうる。認知障害（中核症状），行動・心理症状（周辺症状），身体症状（身体合併症など）である。

○認知症の症状へのアプローチには，薬物療法とともに非薬物的アプローチが含まれる。多様な方法を組み合わせて，"その人を中心とするケア"を行うことが重要である。

○行動・心理症状の多くは，介護者にとって「対応困難な行動」となりうる。対応困難な行動に影響する要因としては，認知障害，身体症状，環境因子，個人因子の4つをあげることができる。

○対応困難な行動への対処を考えるうえで，認知症の人と介護者のコミュニケーションに着目できる。認知障害が，コミュニケーションにさまざまな困難を生じさせている。

○コミュニケーションに関し，次の3点に着目できる。①合図の明確さ，②注意の持続，③"ひとりの人間"というイメージの保持，である。

［2］日本の介護者支援への示唆

１ 身体症状の重要性

認知症の症状を考える際，認知障害（中核症状）と行動・心理症状（周辺症状）の2つを主に念頭におく，という方法もありうる。しかし，身体症状を含めて考えることにも意味がある。身体症状は，認知障害や行動・心理症状と関連し合っている。その例は，次のような関連である。

- 認知障害のために，認知症の人が身体症状を他の人に伝えることができない可能性がある。そのために，身体症状を悪化させてしまうことがある。

- 転倒などで寝たきりになると，認知障害がさらに進行する可能性も高くなる。
- 身体症状は，行動・心理症状の原因となりうる。たとえば，運動不足が徘徊の原因となりうる。
- 逆に，行動・心理症状が，身体症状に影響しうる。たとえば，徘徊して外出中に怪我をする，うつ状態などのために食べ物を十分に食べず低栄養になる，などである。

　対応困難な行動を考えるうえでも，症状間のこのような相互関連を念頭におくべきである。対応困難な行動の原因には，認知障害とともに身体症状も含まれる。このことを家族介護者は理解すべきである。サービス従事者も，認知症の人の身体症状にどれだけ関心をはらっているだろうか。看護師でさえ，認知症の人が元気そうに見える場合，身体症状に十分な注意をはらわないことがあるのではないだろうか。

2 認知症の人とのコミュニケーションで着目すべき点

　本章では，アスリンらやヴァン・オートらに依拠しつつ，認知症の人とのコミュニケーションに関して3つの点に着目した。そのうちの2つは，家族介護者にもサービス従事者にも重要である。その2つをもう1度簡潔に示すと，次のとおりである。
① わかりやすい合図を発し，認知症の人のささいな合図に気づく。
② 認知症の人，介護者，双方の注意を持続させ，"いらいら"の増大を防ぐ。

　人間と環境との相互関係についてあらためて考えてみると，①も②も，環境からの刺激を受けるという要素が含まれている。環境には，介護者などの"人"も含まれる。介護者の声や笑顔も刺激である。テレビの音や部屋の照明も刺激である。環境からの"刺激"は，広い意味での"合図"と言い換えることもできよう。

　そのような刺激あるいは合図は，認知症の人に少なくとも2とおりの影響を与える。(i)認知症の人の適切な行動を引き出す手がかりとなりうる。(ii)認知症の人の注意の持続や"いらいら"の増大などに影響を及ぼす。この2とおりの

影響の可能性を意識することは，家族介護者にとっても，サービス従事者にとっても，意味がある。

　また，もう1つの点は，とくにサービス従事者にとって重要であろう。3つめの点を簡潔に示すと，次のようになる。

③　その人のことをよく知り，"ひとりの人間"というイメージを保ち続ける。

　家族介護者とサービス従事者を比較すると，家族介護者は，認知症の家族のことをよく知っている場合が多い。サービス従事者は，自分が関わる認知症の人のことを最初はよく知らないのが一般的である。その人のことをよく知るために，サービス従事者は工夫を必要とする。

　たとえば，サービスの利用を開始する時期に，サービス従事者がその人についての情報を得ておくことには意味がある。日本におけるセンター方式の記録用紙には，本人についての詳しい情報を書き込めるものがある［認知症介護研究・研修東京センターほか 2006：199‐200］。それを活用することは，有効であると考えられる。さらに，第6章でふれるライフストーリーの方法も活用しうる。

1）　もう1つの区分の仕方は，医学的アプローチと，ケア的アプローチという区分である［藤沢 2009：171］。薬物療法と全身体的管理は，医学的アプローチに含まれる。環境調整と個人に焦点をあてたケアは，ケア的アプローチに含まれる。リハビリテーションや作業療法，精神心理的療法は，いずれのアプローチにも含まれうる。
2）　環境因子と個人因子は，国際生活機能分類（ICF）を参考にした［高木 2011］。
3）　以下の❶～❹の記述は，［Logsdon 2008］に依拠したものである。
4）　本節の以下の記述は，他の引用注がない限り，［Athlin and Norberg 1987］に依拠している。この節でのヴァン・オートらからの引用は，すべて［Van Ort and Phillips 1992］からのものである。
5）　ヴァン・オートらは，これらを「機能的食事行動を引き出す介護者の行動」と呼ぶ。
6）　ヴァン・オートらは，これらを「機能的食事行動を引き出す利用者の行動」と呼ぶ。
7）　ヴァン・オートらは，これらを「機能的食事行動を支持する介護者の行動」と呼ぶ。
8）　ヴァン・オートらは，これらを「機能的食事行動を消減させる介護者の行動」と呼ぶ。
9）　ヴァン・オートらは，これらを「機能的食事行動を支持する利用者の行動」と呼ぶ。
10）　ヴァン・オートらは，これらを「機能的食事行動を消減させる利用者の行動」と呼ぶ。

第 4 章
対応困難な行動への対処方法

はじめに

　認知症の人の対応困難な行動に対する対処の方法の1つとして，ABCモデルをとりあげる。ここでABCモデルと呼ぶのは，テリ，バージオ，ステッフェンなどが，介護者への教育プログラムで活用しているモデルである。ABCモデルは，専門的な知識をもたない家族介護者等でも理解しやすい。また，ABCモデルを介護者に伝える際の教育方法にも，興味深い工夫がみられる。ビデオ教材の活用，電話を効果的に活用する，などである。

　行動上の問題への対処に役立ちうる実践方法としては，日本でもセンター方式など，すぐれた対処方法が工夫されている。ABCモデルは，センター方式などの対処方法とも両立しうる。あわせて活用することで，さらに効果を高めることができると考えられる。

　ABCモデルでは，認知症の人や介護者の行動を時間の流れに即してとらえる。ABCとは，A→B→Cという時間的な順序を示している。対応困難な行動をBとする。そして，Bの前の生じた事柄をAとし，Bの後に生じた事柄をCとする（図表4-1）。

　この時系列的な"ABC"という表現は，心理学でしばしば用いられるものでもある。スキナー（B. F. Skinner）のオペラント条件づけの流れをくむ，行動療法あるいは応用行動分析など（以下，行動分析）で用いられている。本章で検討するABCモデルも，その延長線上に位置づけることができる。テリ，バージオ，ステッフェンらにのABCモデルを検討する前に，まず，行動分析の基本的な考え方を整理してみることにする。

図表4-1　ＡＢＣモデルの基本的図式

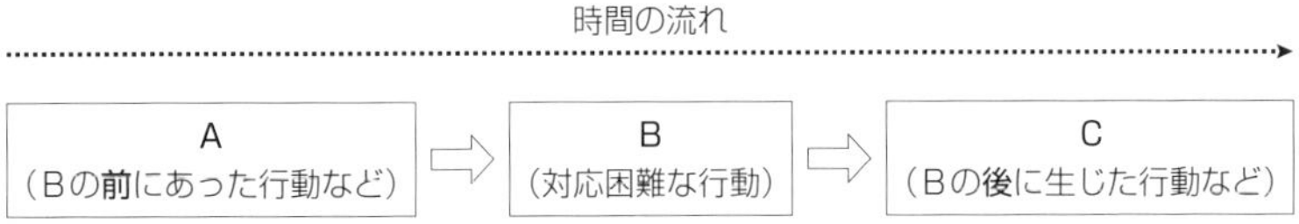

　　　　　　　　　　　　　　時間の流れ　　　　　　　　　　　　　→

| A
（Bの前にあった行動など） | ⇒ | B
（対応困難な行動） | ⇒ | C
（Bの後に生じた行動など） |

出所：[Teri and Huda 2004] に基づき筆者作成。

1　行動分析における ABC

［1］時間の流れに沿った「行動」の連鎖
1 内行動と外行動

　行動分析では，「行動」について，外から見える行動のみならず，心の中の動きも含めて考える［大河内 2007：6］。以下，外から見える行動を外行動，心の中にみられる行動を内行動と呼ぶことにする。第2章でみた「活動」「感情」「思考」のうち，「活動」は外行動に，「感情」と「思考」は内行動に位置づけられる。

　ひとりの人間が生きてゆくことは，外行動と内行動が時間の流れとともに次々に生じる過程である。人は，ご飯を食べたり歩いたりする。"うれしい"あるいは"悲しい"という気持ちをもったり，以前にあったことを思い出したりもする。認知症の人にも介護者にも，このような過程はある。

2 だれも寄り添ってくれない認知症の経験

　たとえば，認知症の人の行動を考えてみる。キットウッドは，パーソンセンタードケアを論じるなかで，「だれも寄り添ってくれない認知症の経験」の例を描いている。その一部を時間順に図示すると，**図表4-2**のようになる。高齢者施設に暮らす重度の認知症の女性の例である。

　時間の流れに沿って，行動は連続して生じている。このような行動の連続のなかに，A，B，Cが位置づけられる。けれども，どの行動をA，B，Cとみなすかは，はじめから決まっているわけではない。**図表4-2**の例で考えると，「失禁してしまう」ことをBとすると，「介護者が近づくのが見える」のがA，「恥ずかしさや孤独感がつのる」がCとなる。しかし「恥ずかしさや孤独感がつのる」をBとすると，「失禁してしまう」がAとなる。

　ここに示した"行動の連鎖"のうち，混乱，孤独感，恐怖，恥ずかしさは，

図表4-2　だれも寄り添ってくれない認知症の経験

<認知症の人の行動として描いた場合>

時間の流れ →

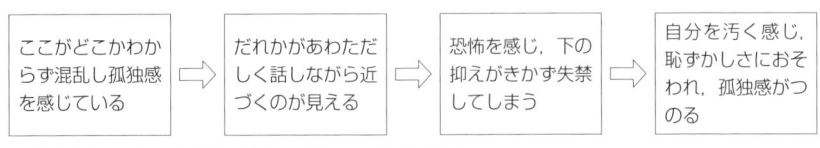

| ここがどこかわからず混乱し孤独感を感じている | ⇒ | だれかがあわただしく話しながら近づくのが見える | ⇒ | 恐怖を感じ，下の抑えがきかず失禁してしまう | ⇒ | 自分を汚く感じ，恥ずかしさにおそわれ，孤独感がつのる |

出所：[キットウッド 1997＝2005：136] に基づき筆者作成．

認知症の人の内面の経験，すなわち内行動である．認知症の人の内行動は，直接的には，介護者が見ることはできない．ただし，前章でみたように，介護者は，認知症の人の内面をよりよく理解しようと試みることはできる．その際，その人のことをより深く知ることや，役割取得（role taking）の能力を高める訓練をすることが，役に立つ．

　日本の認知症ケアをリードしてきた医師，長谷川和夫は，認知症ケアの理念を論じるなかで，「物語を大切にするケア」にふれている．"クマのプーさん"の物語の中の短い一節を手がかりに，長谷川は次のように述べている．

　　これを読むと，物語は初めがあって，次々と出来事が時の流れの構造のなかで展開していき終わりがくる．そして登場した個人（この文章ではプー）が主体となっていて，単に主人公がなにをしたかだけではなく，主人公がどのように感じているかがていねいに大切に描かれていることに気づく．また物語には次になにが起こるのかというわくわくするおもしろさがある．物語が伝えてくれるのは，実は「単なる登場人物についての知識」ではなく，お話の登場人物を通して生きる体験なのである．物語について大切なことは，人間がそれぞれ自分の「物語」を生きており，「病気」もまたその物語の一部だということである．　　　　　　[長谷川 2008：6-7]

　クマのプーさんは，友だちの子ブタの家に歩いて行ったが，子ブタはいなか

図表 4-3　誰も寄り添ってくれない認知症の経験

＜介護者の行動として描いた場合＞

時間の流れ →

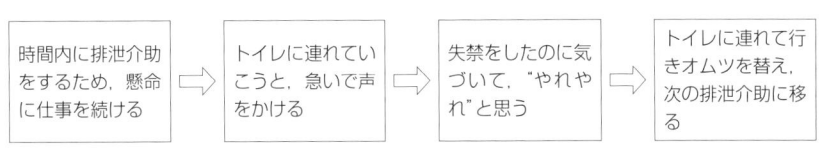

| 時間内に排泄介助をするため，懸命に仕事を続ける | ⇒ | トイレに連れていこうと，急いで声をかける | ⇒ | 失禁をしたのに気づいて，"やれやれ"と思う | ⇒ | トイレに連れて行きオムツを替え，次の排泄介助に移る |

出所：図表 4-2 に同じ。

った。外行動としてみるとそれだけである。その間，プーさんの内面ではさまざまな内行動（感情や考えなど）も生じている。退屈を感じる，何かをしようと思う，子ブタの様子を想像する，子ブタがいなくてがっかりする。プーさんの物語は，時間の流れとともにプーさんの外行動と内行動が次々に生じるものとして，進んでゆくのである。

行動の連続は，もちろん介護者にもみられる。**図表 4-2** と同じ場面に関して，キットウッドは，介護者の行動や感情はそれほど詳しく描いていない。筆者の推測を交えて介護者の行動を描くと，**図表 4-3** のようになる。

このなかで，失禁したことに気づいて"やれやれ"と介護者が感じた時，その気持ちは，外から見える表情や態度にも現れると考えられる。キットウッドは，ここで"だれも寄り添ってくれない認知症の経験"の例を示す際，介護者の"無表情"に言及している。また，ある高齢者施設で認知症の人のそばで数時間を過ごした際，「悪性の社会心理と無視が蔓延する古い文化」を感じたと述べている［キットウッド 1997＝2005：135 − 136］。

なお，介護者支援という観点からみると，無表情な介護者がいたとしても，単純にその人を非難すべきではないだろう。介護者の内面のストレスや葛藤の存在を認め，その解決の方法を考えてゆくのが，介護者支援の立場である。

❸ その人を中心としたケアの経験

キットウッドは，「誰も寄り添ってくれない認知症の経験」とは対照的な例

図表4-4　その人を中心としたケアの経験

<認知症の人の行動として描いた場合>

時間の流れ →

| 1人でいる時に，耐えがたい孤独と恐怖におそわれる | ⇒ | ふと見ると，母さんのようにやさしい人がいる | ⇒ | その人が，そっと手を差し延べてくれる | ⇒ | 話をするうちに，恐怖はすっかり消えてしまう |

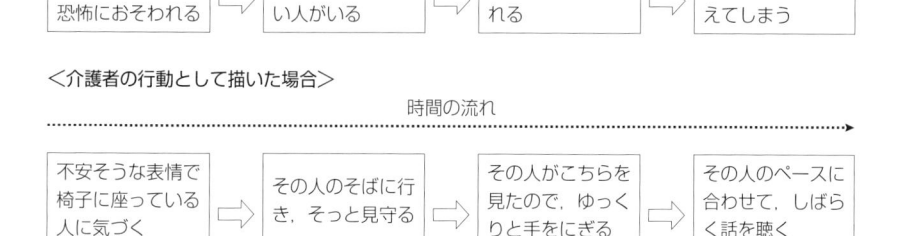

<介護者の行動として描いた場合>

時間の流れ →

| 不安そうな表情で椅子に座っている人に気づく | ⇒ | その人のそばに行き，そっと見守る | ⇒ | その人がこちらを見たので，ゆっくりと手をにぎる | ⇒ | その人のペースに合わせて，しばらく話を聴く |

出所：[キットウッド 1997＝2005：147-149] に基づき筆者作成。

も描いている。「その人を中心としたケアの経験」である。その一部を時間順に示すと，図表4-4のようになる。認知症の人の行動として描いた場合と，介護者の行動として描いた場合の両方を示す。

　ここでは介護者は，認知症の人にとって，やさしいお母さんのように感じられ，ゆっくりと手をにぎり，話を聴いてくれる存在である。キットウッドは，このような"その人を中心としたケアの経験"に対応する文化を，「新しいケアの文化」と呼んでいる。新しい文化は，次のようにも表現されている。

　　新しい文化では，認知症の人を恐ろしい病気をもった人とするような病人扱いをしない。また，認知症の人を，たとえば知的能力低下の段階論のような，出来合いの構造化されたスキームの単純なカテゴリーに還元しない。新しい文化は認知症の人それぞれの独自性に焦点を当て，彼らが達成したことを尊重し，彼らが耐えてきたことに思いやりをもつ。そして，生命の源泉として感情を再び取り戻し，人間が心身一体の存在であることを受け入れ，人間の存在が本質的に社会的であることを重視する。

[キットウッド 1997＝2005：235]

第4章　対応困難な行動への対処方法

図表4-5　互いに織り合わされる行動

<誰も寄り添ってくれない認知症の経験>

時間の流れ →

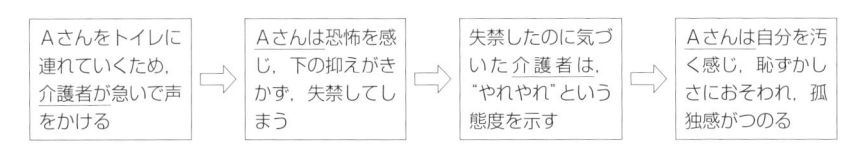

| Aさんをトイレに連れていくため，介護者が急いで声をかける | ⇒ | Aさんは恐怖を感じ，下の抑えがきかず，失禁してしまう | ⇒ | 失禁したのに気づいた介護者は，"やれやれ"という態度を示す | ⇒ | Aさんは自分を汚く感じ，恥ずかしさにおそわれ，孤独感がつのる |

<その人を中心としたケアの経験>

時間の流れ →

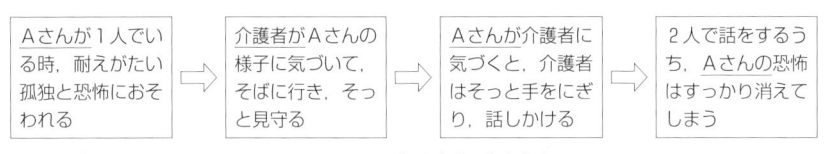

| Aさんが1人でいる時，耐えがたい孤独と恐怖におそわれる | ⇒ | 介護者がAさんの様子に気づいて，そばに行き，そっと見守る | ⇒ | Aさんが介護者に気づくと，介護者はそっと手をにぎり，話しかける | ⇒ | 2人で話をするうち，Aさんの恐怖はすっかり消えてしまう |

出所：[キットウッド 1997＝2005：136, 147－149] を参考に筆者作成。

キットウッドのいう「新しいケアの文化」は，認知症の人の「ひとりの人間」としての独自性や，内面世界を大切に扱う立場であるといえる。

4 互いに織り合わされる行動

これまで示した図では，認知症の人の行動と介護者の行動を別々に描いた。しかし，それとは異なる描き方もある。それは，両者の行動を，交わりのない平行線ではなく，織り合わされる1つの織物のようなものとして描くものである。たとえば，認知症の人と介護者という2人の行動の絡まり合いの連続として，描くことが可能である。図表4-2から図表4-4までを描き直してみると，図表4-5のようになる。

人間の行動に関する"織物"の比喩は，スウェーデンのランメロとトールニケの著書にみられる。ランメロらは，行動分析を紹介した著書で，次のように述べている。

あらゆる人間の行動において，A，B，Cはそれぞれ，自明なものでは

ありません。つまり，最初から ABC が何であるかを同定することなどできないのです。なぜなら，人間の行動は「織物」のようなものだからです。それは，さまざまな行為という「縒り糸」が連続して絶え間なく互いに「織り合わされていく」ようなものだからです。

[ランメロ・トールニケ 2008＝2009：82]

ここでは，人間の行動は，絶え間なく互いに織り合わされていく"織物"にたとえられている。1人の人間としてみた場合，人は，外的な活動や知覚，心の中の思考や感情などを，時間の流れとともに次々と経験していく。複数の人間の相互性に着目した場合にも，お互いの外的な活動と心の中の思考や感情が，絡み合いながら時間とともに生じてゆく。お互いの外的な活動の重要な要素に，言葉の交わし合い，会話がある。

5 行動分析の基盤としての"行動の連鎖"

行動分析では，このような，"時間の流れに沿った行動の連続"という基本的な考え方に立脚している。そのうえで，「行動の強化・弱化」や「弁別刺激」などの理論が，展開されているのである。

ただし，"時間の流れに沿った行動の連続"という考え方は，幅広く，柔軟に応用されうる。「行動の強化」や「弁別刺激」もその応用の1つではあるが，すべてではない。後述する ABC モデルでは，「行動の強化・弱化」や「弁別刺激」の理論も念頭におかれているが，それだけに限らない柔軟なモデルとなっている。

次に，「行動の強化・弱化」，「弁別刺激」について整理してみる。ABC という概念で表現すると，「行動の強化・弱化」は主に「B（行動）→ C（結果）」という関係に焦点を合わせる。「弁別刺激」は主に「A（刺激）→ B（行動）」という関係に焦点を合わせる。

［2］行動の強化：行動（B）は結果（C）によって制御される
1 正の強化

　人が，ある行動（B）を行って，人からほめられるという結果（C）を得たとする。その場合，近い将来において，同じ行動（B）をする可能性は高くなる。たとえば，認知症の人がラジオ体操をして介護者からほめられたとする。その場合，その人はその後もラジオ体操をする可能性が高くなる。「ほめられる」という結果を得ようと，すすんでラジオ体操をするからである（図表4-6）。

　この場合，好ましい結果を得るために，近い将来の行動の可能性が強まっている。このようなありようは，行動分析では「正の強化（positive reinforcement）」と呼ばれる[1]。上記の例の，「ほめる」という結果（C）は，強化子あるいは好子（こうし）と呼ばれる。

　バージオらによれば，認知症の人が望ましい行動を行った際の介護者による次のような対応は，「正の強化」を生じさせうる。食べ物や笑顔など，本人が好きなものを与える。ほめるなど，肯定的な言葉をかける。ハグする，つまり，軽く抱きしめる［Collins et al. 2004：31］。

図表4-6　結果（C）が次の行動に影響する例：強化

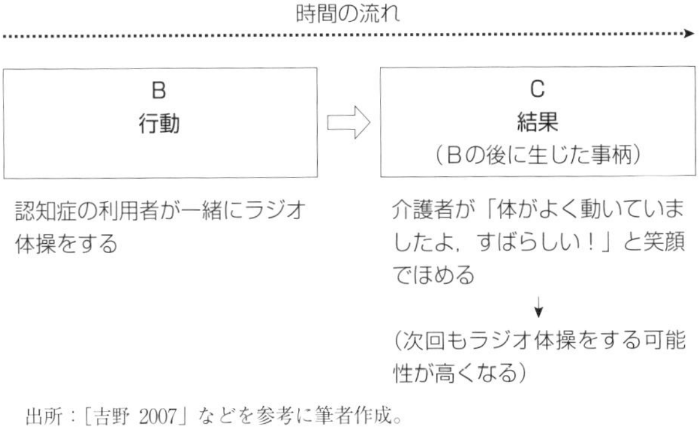

時間の流れ →

| B 行動 | ⇒ | C 結果（Bの後に生じた事柄） |

認知症の利用者が一緒にラジオ体操をする

介護者が「体がよく動いていましたよ，すばらしい！」と笑顔でほめる
↓
（次回もラジオ体操をする可能性が高くなる）

出所：［吉野 2007］などを参考に筆者作成。

2 意図的無視：誤った「正の強化」を避ける方法

　なお，ステッフェンらは，次の可能性に注意を喚起している。認知症の人が対応困難な行動を行った際に，介護者が誤った「正の強化」をしてしまう可能性である。たとえば，認知症の人が大声を出した時に，介護者が優しい言葉をかけたとする。すると，その後も，優しい言葉をかけてもらうために，大声を出すことになるかもしれない［Steffen et al. 2001：73］。

　誤った「正の強化」を生じないために，ステッフェンらが勧める方法の1つは，「意図的な無視（Planned Ignoring）」である［Steffen et al. 2001：85］。それは，認知症の人が対応困難な行動をとった時に，介護者がその行動にまったく気づいていないかのようにふるまう，という方法である。たとえば，認知症の人が望ましい行動をとった時には，介護者がその行動に関心を示し，優しい態度をとる。反対に，対応困難な行動をとった時には，介護者はその行動に関心を示さず，優しい態度もとらない。好ましい結果（介護者の関心，優しい態度）が失われるので，対応困難な行動をとる可能性が少なくなる[2]。

　なお，ディファレンシャル・アテンション法（DA法）は，この"意図的無視"と"正の強化"とを組み合わせたような実践である。遠藤と芝野は，老人保健施設において，繰り返し大声でスタッフを呼んだり，スタッフをたたいたりする利用者に対して，この方法を用いている［遠藤・芝野 1998］。望ましくない行動に対しては関心をひかえ，望ましい行動には関心を示して強化する，という方法である。三原も，被害的妄想の強い認知症高齢者に対して，ほぼ同様の実践を行っている［三原 2003］。

3 「楽しさを伴う活動」と"正の強化"

　これまで示した例は，介護者の行動が強化子となるという例である。しかし，強化子となりうるのは，第三者の行動ばかりではない。前章でみた「楽しさを伴う活動」も，強化の過程に即して理解できる。たとえば，「犬と一緒に遊ぶ」という活動をすることで，「楽しい気分」を経験する。すると，近い将来にも，楽しさを味わうために犬と一緒に遊ぶ可能性が高まる。その場合，「楽しさ」

図表4-7 「楽しさを伴う活動」と強化

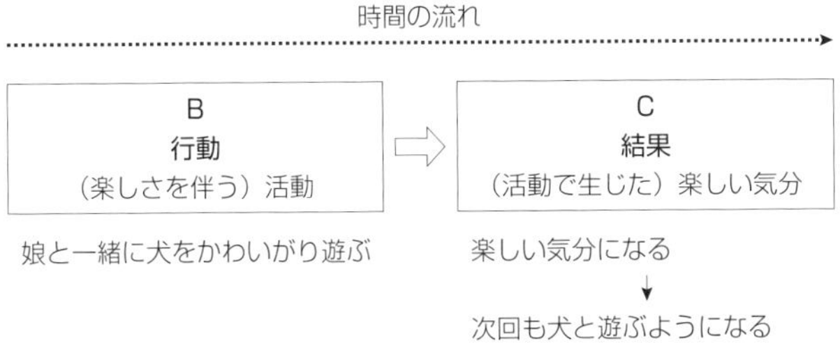

時間の流れ →

| B
行動
（楽しさを伴う）活動 | ⇒ | C
結果
（活動で生じた）楽しい気分 |

娘と一緒に犬をかわいがり遊ぶ　　　楽しい気分になる
　　　　　　　　　　　　　　　　　　↓
　　　　　　　　　　　　　　　　次回も犬と遊ぶようになる

出所：図表4-6に同じ。

が，強化子（好子）としてはたらいている（**図表4-7**）。

「楽しい気分」になることは，「犬と遊ぶ」という行動によって自然に生じる結果である。このように，日常生活では，行動それ自体によって自然に生じる結果が，強化子としてはたらいている場合が多い[3]。

［3］弁別刺激：行動（B）は先行刺激（A）によって影響される
１ 弁別刺激とは

行動分析で ABC という概念を用いる場合，A は「先行刺激」と呼ばれる。行動（B）に先行する刺激，という意味である。先行刺激は，以下に示すように，行動の結果（C）と結びつきつつ行動の「手がかり」となる［吉野 2007：23-5］。

たとえば，認知症のためにトイレの場所を自分で探すのがむずかしい場合がある。その際，トイレの入り口に，「トイレ」という張り紙をしておく。すると，その張り紙を見て，トイレに入ることができやすくなる。この場合，「トイレ」の張り紙が"先行刺激"となり，トイレに入る行動の「手がかり」となる。このことにより，トイレでの排尿に成功するという結果となる。すると，近い将来も，「トイレ」の張り紙に従ってトイレに入るという行動が増える，と考えられる（**図表4-8**）。

このようにして，「トイレ」の張り紙という先行刺激と，トイレを見つけて

図表 4-8　先行刺激による行動への影響の例

時間の流れ →

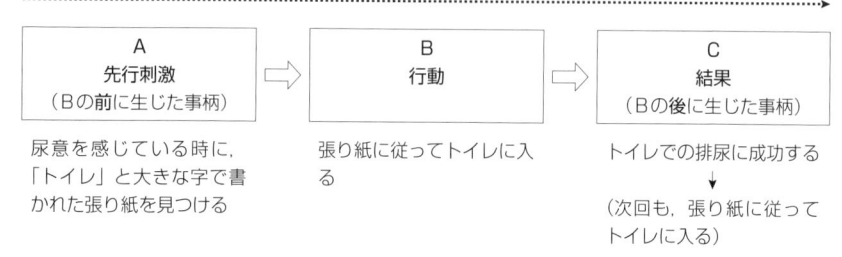

A 先行刺激 (Bの前に生じた事柄)	⇒	B 行動	⇒	C 結果 (Bの後に生じた事柄)
尿意を感じている時に，「トイレ」と大きな字で書かれた張り紙を見つける		張り紙に従ってトイレに入る		トイレでの排尿に成功する ↓ (次回も，張り紙に従ってトイレに入る)

出所：図表4-6に同じ。

入ることの成功という結果とが結びつく場合，「トイレ」の張り紙という先行刺激は，「弁別刺激」とも呼ばれる。「弁別」とは，"意味のある手がかりかどうかを区別できる"という意味である。対象者に通ってほしくない出入り口に，禁止を明確に示す色や目印をつける方法も，「弁別刺激」となりうる [Cohen-Mansfield 2001：366]。

弁別刺激の重要性は，認知症高齢者に限られるわけではない。人間の日常生活は，さまざまな弁別刺激にとりまかれている。たとえば道路の信号は，赤で「止まる」，青で「進む」，という行動の手がかりとなっている。信号に従うことで，事故にあわずにスムーズに通行することができる。

2 認知症の人と弁別刺激

自分自身が認知症でありつつ，積極的に発言している当事者の1人に，クリスティーン・ブライデンがいる [2004＝2005：180 - 181]。ブライデンは，著書のなかで，認知症の人の生活を助けてくれる方法として，次のことを提案している。すなわち，家中に標識を貼ったり，色つきのスイッチを取り付けたり，毎日のやるべき日課の手順を書いた紙を貼ったりすることである。ブライデンの友人は，洋服ダンスの戸に，「起きる。顔を洗う。ひげを剃る。デオドラントをつける。服を着る」というポスターを貼っている。これらは，認知症の人の生活を助ける弁別刺激である。

第4章　対応困難な行動への対処方法

図表4-9　先行刺激による行動への影響の例

時間の流れ →

| A
先行刺激
（Bの前に生じた事柄） | ⇒ | B
行動 | ⇒ | C
結果
（Bの後に生じた事柄） |

介護者Dが認知症の人の近くにいる

認知症の人が介護者Dと一緒にラジオ体操をする

介護者Dが"よくがんばりましたね"とゆっくりと言葉をかける
↓
次回、介護者Dがいたら（A）、ラジオ体操をする可能性が高まる

出所：図表4-6に同じ。

　バージオらも，以下のような合図（cues）が，望ましい行動を引き出す刺激となりうると述べている。視覚的な合図の例は，よく使う物に名前の札やラベルを付けたり，ジェスチャーを活用したり，大きめの文字を使ったりすることである。音声による合図の例は，言葉により思い出させること（verbal reminder）や音楽である。触覚的な合図の例は，握手をしたり，ひじを触ったり，軽く抱きしめることである［Collins et al. 2004：31］。

　特定の人間の存在もまた，弁別刺激となりうる。たとえば，認知症の人がラジオ体操をした時に，特定の介護者がいつも優しくほめてくれるとする。すると，その介護者がそばにいる時に限って，ラジオ体操を熱心に行うようになるかもしれない。その場合には，特定の介護者の存在が，ラジオ体操を行うことの弁別刺激となっている（図表4-9）。

2 ABCモデルによる行動への対処

[1] ABCモデル:"行動の連鎖"に基づく理解
1 認知障害とABC

　これまでみてきた強化や弁別刺激の理論は、人間の学習能力を前提としている。人は、ある行動を通して好ましい経験をするとそれを覚えている。そして、近い将来に、再び好ましい経験が得られるよう、同じ行動をしようとする。けれども、覚えていることができなければ、それらの過程は成り立ちにくい。記憶能力が低下した認知症の人の行動を考える際には、このことを念頭におく必要がある。

　もちろん、認知障害があるとはいえ、強化や弁別刺激は、認知症の人の行動を考えるうえでも、かなりの程度有効であろう。強化や弁別刺激の考え方を活かしつつ、限界もあることをも念頭におくべきである。その際、行動分析の基盤となる「行動の連鎖」という考え方に常に立ち返ることが、重要だと思われる。

2 施設職員への教育プログラム

　本章でいうABCモデルの実践例の1つは、テリラによるスター・プログラムである。1990年に開発された教材をさらに洗練させ、2001年にスター・プログラムが開発された[4]。これは、アシステッドリビングにおける職員向けの訓練プログラムである。アシステッドリビングは、比較的軽い介護や支援を必要とする高齢者のための施設である。

　この教育プログラムは、小グループでの半日の授業(ワークショップ)を2回、個別の指導を4回、あわせて2カ月かけて行われる。ワークショップも個別指導も、職員たちが働いているアシステッドリビングで行われる。プログラム全体のなかで、ABCモデルに関する教育は、中核的な位置を占めている。個別

指導では，ABCモデルを特定の対象者に活用するための指導が行われる。

❸ "行動の連鎖"に基づくABCモデル

テリらが提示するABCモデルは，強化などの観点からは理解しにくい面がある。けれども，"行動の連鎖"という考え方に基づいていることは確かである。それを簡潔に示しているのが，次の言葉である。

> 私がすることは，あなたがすることに影響します。そして，あなたがすることは，私のすることに影響します。まるで，鎖のように。1つ1つの行動は，次の行動に影響しているのです。　　　　[Teri and Huda 2004：38]

Aという行動は，その直後のBという行動に影響する。Bが次のCに影響し，Cがさらに次のDにも影響する。DはEに影響する。このような影響の連続が，鎖（chain）のようだと表現されている。

テリらは，強化などの方法を活用しつつも，ABCの概念をより柔軟なかたちで用いている。たとえばCに関しては，強化や弱化などの機能にのみ注目しているわけではない。Cは，端的に"Bの直後に生じたこと（あるいは生じること）"と位置づけられている。同様に，Aは，"Bの直前に生じたこと（あるいは生じること）"と位置づけられている（図表4-10）。

図表4-10　ＡＢＣモデルの図式

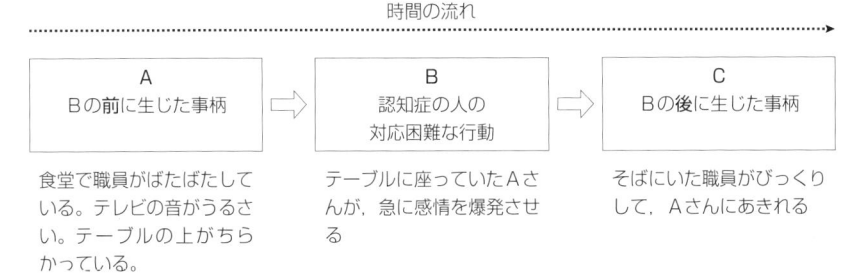

時間の流れ →

A Bの前に生じた事柄	B 認知症の人の 対応困難な行動	C Bの後に生じた事柄
食堂で職員がばたばたしている。テレビの音がうるさい。テーブルの上がちらかっている。	テーブルに座っていたAさんが，急に感情を爆発させる	そばにいた職員がびっくりして，Aさんにあきれる

出所：[Teri and Huda 2004] に基づき筆者作成。

Aは，認知症の人の行動（B）の原因，あるいはひきがね（a cause or a trigger）でありうる。Aを特定することは，問題が生じるのを予防することにつながる。Cには，認知症の人の行動（B）に対する職員やまわりの人たちの反応などが含まれる。Cは，Bに好ましい変化を与えたり，悪化させたりしうる。

［2］ABCモデルに基づく対処の過程
■1 行動の観察と記録
　スター・プログラムでは，ABCカードと呼ばれるA5版ほどの大きさのカードを活用する。ABCカードは両面印刷されている。表（おもて）の面では，対応困難な行動についての現在の情報を整理して書く。裏の面では，対応困難な行動を変えてゆくための解決方法を書く。表の面でアセスメント（分析）を行い，裏の面でプランニング（計画）を行うかたちである。どちらの面にも，上から順にA，B，Cの3つの記入欄が設けられている。
　表の面では，認知症の人の現在のありようを以下の順序で記入する。

　　① Bの欄に，対応困難な行動を，1つ選んで書く。
　　② Bに記入した行動の直前にあったことを，Aの欄に書く。
　　③ Bに記入した行動の直後にあったことを，Cの欄に書く。

〔Teri and Huda 2004：38 - 41〕

　最初に重要なのは，対応困難な行動を1つだけ選ぶことである。介護者を悩ませる行動はたくさんあるかもしれないが，とくに困っている行動を1つだけ選ぶ。そして，具体的に，その行動が起きる前後のことを記入していく。
　行動が起きる前後のことを記入する際，行動の直前と直後のできごとに焦点をあてる。たとえば，次のような事柄は，直前のできごとではない。すなわち，"昼食の時に不愉快な思いをした"，"以前その職員に腹をたてたことがある"，"子どもの頃から薬を飲むことが苦手だ"，といった事柄である。テリらは，こ

図表4−11　ABCカードの表面の記入例

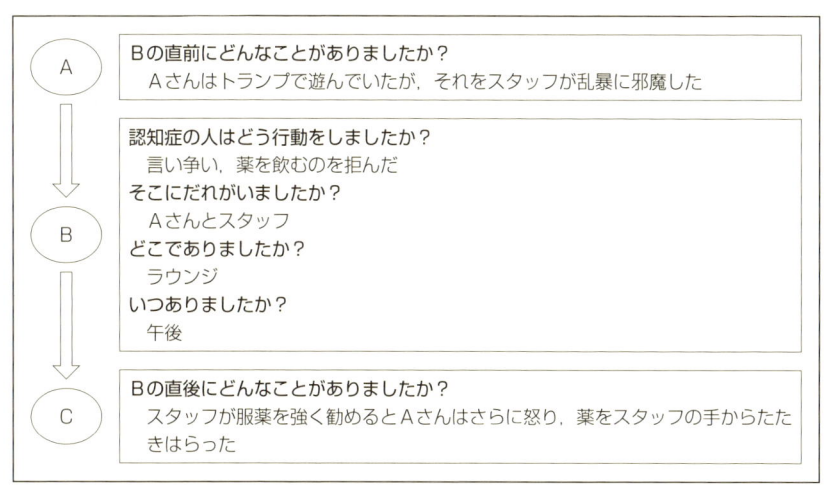

```
┌───┐  ┌─────────────────────────────────────────────┐
│ A │  │ Bの直前にどんなことがありましたか？              │
└───┘  │   Aさんはトランプで遊んでいたが，それをスタッフが乱暴に邪魔した │
  ↓    └─────────────────────────────────────────────┘
       ┌─────────────────────────────────────────────┐
       │ 認知症の人はどう行動をしましたか？              │
       │   言い争い，薬を飲むのを拒んだ                 │
┌───┐  │ そこにだれがいましたか？                      │
│ B │  │   Aさんとスタッフ                            │
└───┘  │ どこでありましたか？                         │
       │   ラウンジ                                  │
  ↓    │ いつありましたか？                           │
       │   午後                                      │
       └─────────────────────────────────────────────┘
┌───┐  ┌─────────────────────────────────────────────┐
│ C │  │ Bの直後にどんなことがありましたか？              │
└───┘  │   スタッフが服薬を強く勧めるとAさんはさらに怒り，薬をスタッフの手からたたきはらった │
       └─────────────────────────────────────────────┘
```

出所：[Teri and Huda 2004：36−42] に基づき筆者作成。

のような事柄ではなく，直前に起きたできごとに焦点を合わせるべきだと述べている [Teri and Huda 2004：39]。

　ただし，直前と直後のできごとに限るという点は，絶対的な注意事項ではないように思われる。とくに，解決の方策を考える際には，ある程度柔軟に，時間的に少し離れた行動も含めて考える必要も出てくる。テリらがここで強調したいのは，対応困難な行動の原因を考える際に"観察可能な事実"に注意を向けるべきだ，ということであろう。気をつけないと，推測ばかりで考えることになりかねないからである。

　表の面の記入例を，図表4−11に示す。この例の場合，Cでスタッフが引き続き服薬を強く勧めたため，薬をたたき払うという行動にまで進んでしまった。Bの服薬を拒むという行動が，さらに悪化している。

2　行動の変化への取り組み

　表面の記入内容に基づき，カードの裏面ではBをどう変えるかについての

図表4-12　ABCカードの裏面の記入例

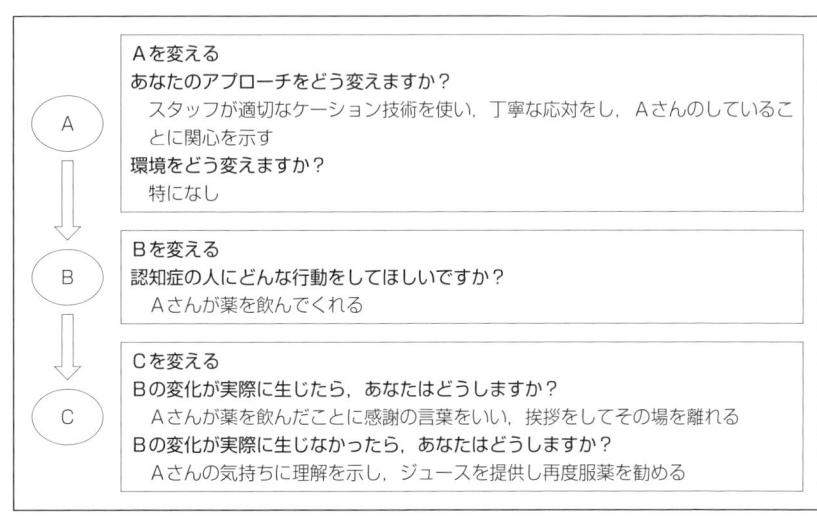

```
┌─────────────────────────────────────────────────┐
│  Aを変える                                       │
│  あなたのアプローチをどう変えますか？            │
│    スタッフが適切なケーション技術を使い，丁寧な応対をし，Aさんのしていることに関心を示す │
│  環境をどう変えますか？                          │
│    特になし                                      │
└─────────────────────────────────────────────────┘
        ↓
┌─────────────────────────────────────────────────┐
│  Bを変える                                       │
│  認知症の人にどんな行動をしてほしいですか？      │
│    Aさんが薬を飲んでくれる                       │
└─────────────────────────────────────────────────┘
        ↓
┌─────────────────────────────────────────────────┐
│  Cを変える                                       │
│  Bの変化が実際に生じたら，あなたはどうしますか？ │
│    Aさんが薬を飲んだことに感謝の言葉をいい，挨拶をしてその場を離れる │
│  Bの変化が実際に生じなかったら，あなたはどうしますか？ │
│    Aさんの気持ちに理解を示し，ジュースを提供し再度服薬を勧める │
└─────────────────────────────────────────────────┘
```

注：Cの内容は，DVDの場面を参考に作成。
出所：図表4-11に同じ。

方策を以下の順序で立案する。

④ Bの欄に，認知症の人にしてほしい行動を書く（＝目標行動）。
⑤ Bのような行動が起きるために，何をすればいいかをAの欄に書く。
⑥ Bの行動が起きた場合にどうするか，起きなかった場合どうするかを，Cの欄に書く。　　　　　　　　　　　　　　　　　[Teri and Huda 2004：49-51]

⑥では，④で期待した行動どおりの行動が起きた場合と，起きなかった場合の2種類を想定して，Cでの対応を2とおり考えている。記入例を図表4-12に示す。

3　ビデオの活用

スター・プログラムでは，小グループでのワークショップの際ビデオを活用

する。ビデオでは，対応困難な行動についての具体的場面を，1分ほどの短いドラマのかたちで示している。たとえば，紛失した時計を探す場面である。その後に，解決策が実行された場面を短いドラマのかたちで示している。

ワークショップでは，まず，参加者が一緒に問題場面のビデオを見る。その後に，各自がABCカードの表面に記入を行う。時には，何人かに意見を出してもらい，支援者がOHPシートに記入する。次に，各自がABCカードの裏面で解決策を考えて記入する。その後，解決場面のビデオを見る[5]。

［3］AとCを変えるための方法

⑤と⑥を考える際，次の3つの事柄を中心に検討がなされる。これらは，前章までに検討した内容と重なるものである。ABCという時間の流れのうえで，コミュニケーションや"楽しさを伴う活動"などを活かした解決策を考えてゆくかたちである。

■ 介護者側のコミュニケーション方法を変える

前述したようにABCアプローチでは，AとCを変えることにより，認知症の人の行動を変えることがめざされる。AやCとなりうるものの1つは，職員の側の行動である。たとえば，非言語的コミュニケーションを活用したり，職員から1つずつ単純な指示を出すようにしたり，視覚や聴覚の問題がないかを確認したりするといった実践的なコミュニケーション法をとることが考えられる［Teri and Huda 2004：26］。

また，職員の対応の仕方を考えるための手がかりとして，次の言葉を活用することが勧められている。

Listen with Respect; Comfort and Redirect
（相手を尊重して聴く；安心してもらう；関心の方向を変える）

［Teri and Huda 2004：27－30］

テリらによれば，これらは次の3種類の内容を含んでいる。
(1) 認知症の人を無視せず，相手を尊重する気持ちをもった態度で，利用者の話に耳を傾けたり接したりすること（＝相手を尊重して聴く）。
(2) 利用者の考えや感情を理解していることを示し，認知症の人が安心や安全の感覚を感じられるにすること（＝安心してもらう）。
(3) 利用者と言い争うことを避け，話題を変えるなどの方法で，認知症の人の関心を別の方向に向けること（＝関心の方向を変える）。

テリらは，対応困難な行動に対処しようとする際に，この言葉を思い出すことを勧めている。この合言葉は，ABCモデルと同様，シンプルでわかりやすい。

2 「楽しさを伴う活動」を導入する

利用者にとって，「楽しさを伴う活動」を増やすことも，対応困難な行動を変化させるためのAやCとなりうる［Teri and Huda 2004：55 - 61］。たとえば，食堂で夕食準備中の職員に繰り返し質問する利用者がいる。職員が，その人に，「夕食の準備を手伝ってください」と声をかける。職員がランチョンマットの置き方をやってみせて，その人に手伝ってもらう。すると，その人は，質問を繰り返すことをやめるかもしれない。この場合，職員の仕事の手伝いをしてもらうことは，「楽しさを伴う活動」を導入する1例である。また，関心の方向を変えること（Redirect）の1例でもある［Teri and Huda 2004：61］。

3 環境を変える

対応困難な行動を変化させるためには，環境を変えることも重要であると指摘されている。たとえば，自分の部屋を見つけやすいよう目印を付ける，利用者がぶつからないよう家具を移動する，テレビの音を小さくするなどである［Teri and Huda 2004：83 - 90］。

第4章　対応困難な行動への対処方法

［4］スター・プログラムでの教育方法

　ここで，教育プログラムとしてのスター・プログラムの実施方法の特徴について，ふれておきたい。

　このプログラムでは，小グループによるワークショップ（半日の授業）と，1対1の個別指導を組み合わせている。個別指導は，1回目のワークショップが終了してから5日以上過ぎた時点で行われる。そして，その1週間後にもう1度，個別指導が行われる。さらに，2回目のワークショップが終了してから5日以上過ぎて，もう1度個別指導が行われる。そして，その1週間後に最後の個別指導が行われる［Teri and Huda 2004：68 - 70, 124 - 126］。

　ワークショップでは，小グループ内で参加者が自分の経験を出し合い，お互いに学び合うことも重視されている。たとえば，職員たちに経験や意見を出してもらい，その場でOHPシートに書き加えてゆく，という方法も繰り返し活用される。個別指導は，支援者が職員と日時を約束して会い，1対1で行われる。そして特定の入居者に関して，職員が直面する具体的問題をとりあげ，問題解決のための指導を行う［Teri et al. 2005］。

　個別指導で支援者が施設を訪問した際，職員と利用者がコミュニケーションをとる様子を支援者が観察することもある［Teri and Huda 2004：687 - 688］。この点は，個別指導を施設で行うことの利点の1つである。ワークショップも同様に，職員が働いているアシステッドリビングに，支援者が出向いて行われる。施設内での教育プログラムの実施には，アシステッドリビングでの職員の仕事に支障をきたさない，という利点がある。

　職員に手渡される資料はとても少ない。ABCカードのほか，学習の要点をまとめた数枚の資料が配布される。配布される資料は，ABCカードを記入してゆく際に活用しやすく作られている[6]。

3 　行動のトリガーを探し，変える

[1] A→Bの過程に焦点をあてる

　これまでみてきたテリらの介護者支援プログラムでは，A―B―Cの枠組みが活用されていた。それに対し，ステッフェンらの教育プログラムでは，Cを除いたA―Bという単純な枠組みを用いている。具体的には，Aにあたる部分をトリガーという言葉で表現している。ただし，介護者用テキストをていねいに読むと，実際にはCに対応する事柄も扱っている[7]。

　対応困難な行動を解決するための方法としてステッフェンらが注目するのは，その行動の原因である。行動の原因は，比喩的な意味を込めて，"トリガー(Trigger)"と呼ばれる。トリガーには"ひきがね"の意味もあり，行動の原因がピストルの"ひきがね"になぞらえられている。何らかの事柄がトリガーとなり，対応困難な行動が生じるという考え方である。介護者は，認知症の人の行動のトリガーを探す"探偵"となりうる。

　ステッフェンらの教育プログラムは，家族介護者を対象としている。10週間の教育プログラムのうち，対応困難な行動への対処を扱っているのは，4週目から7週目までである。対応困難な行動への対処の過程は，次のように示されている。

① 対応困難な行動を1つ選ぶ。
② その行動について，継続的に記録する。
③ 行動のトリガーを明らかにする。
④ トリガーを変えることを試みる（継続的に記録する）。
⑤ 改善がみられるまで取り組み続ける。

[Steffen et al. 2001：60]

図表4-13　トリガー（ひきがね）を探す

日付：8月16日（木曜）　　時間：8-11時ぐらい
問題行動（正確に何をしたか，具体的に）：
　例）レオンは私が掃除機をかけたりほこりをはらったりする時に私のあとを追った。時々，「しないで」と言った。

「トリガー」である可能性のあること（家族はどこにいたか。問題行動が起きる直前に何が行われていたか。まわりに何があったか。私は何をしようとしていたか。）：
　例）レオンは私の4フィート後ろにいた。テレビがついているほかは何も起こらなかった。周りにだれもいなかった。私はほとんど家事をしていた。

日付：8月19日（日曜）　　時間：8-9時
問題行動（正確に何をしたか，具体的に）：
　例）レオンは私が服を着て教会に行く準備をしている時に，私についてまわった。

「トリガー」である可能性のあること（家族はどこにいたか。問題行動が起きる直前に何が行われていたか。まわりに何があったか。私は何をしようとしていたか。）：
　例）家の中で私と一緒にいた。何も起こらなかった。だれもいなかった。私が電話をしていたときにレオンは最もあわてていた。

日付：8月20日（月曜）　　時間：9-12時
問題行動（正確に何をしたか，具体的に）：
　例）私が掃除機をかけている時に，「しないで」と言いながら私についてまわった。

「トリガー」である可能性のあること（家族はどこにいたか。問題行動が起きる直前に何が行われていたか。まわりに何があったか。私は何をしようとしていたか。）：
　例）私のすぐそばにいた。何も起こらなかった。だれもいなかった。私は掃除機をかけてごみをゴミ箱に入れていた。

注：「1週間に3回以上記入」という注意が付されている。
出所：[Steffen et al. 2001：68] に基づき筆者作成。

［2］トリガーを探す

　対応困難な行動について，「トリガーを探す（Finding Triggers）」というタイトルの用紙に，継続的に記録する（図表4-13）。まず，○月○日の○時頃，実際にどのように行動していたかを具体的に記録する。次に，その行動の前後にどんなことがあったのか，その行動が起きた際にまわりに何があったか等を記録する。それらが，行動のトリガーでありうる[8]。

　行動のトリガーが何であるかは，はじめからわかるわけではない。しかし，

図表4-14　行動上の問題に対処するための計画

行動上の問題：ふつうは午前中，私が家事を行っているあいだレオンが私の近くについてきて，何度も何度も「しないで」と言う。

今週の計画：この問題のトリガーを変えるために，次のことを行う。
1．朝食の後，レオンを10分間の散歩に連れ出す。
2．天気の関係で外出できない場合，代わりに短いドライブに連れて行く。
　（日用品を買う機会として活用してもよい）
3．「しないで」という言葉がどういう意味かを推測する—「はい」「いいえ」で答えられる質問をする。
4．クーポンを整理したり，がらくたの入った引き出しを掃除したりすることで気をそらす。
5．レオンが私のあとをつけまわさなかった時，彼のところに行き，ごほうびとしてやさしく抱く。

今週のうち，この新しい計画を実行した時間　（レの印を付ける）

時間	日曜	月曜	火曜	水曜	木曜	金曜	土曜
午前中		レ		レ	レ		レ
午後			レ				
夜							

出所：[Steffen et al. 2001：94] に基づき筆者作成。

継続的に記録をつけてゆくなかで，トリガーの可能性があるいくつかの事柄を探してゆくことができる。そのため，介護者が"探偵"にたとえられているのである。

［3］トリガーを変える

　次に，何らかのかたちでトリガーを変えることを試みる。介護者自身の言動がトリガーとなっている可能性があれば，介護者自身の言動を変えてみる。たとえば，介護者が不愉快になるような言葉を言わないようにする。物理的環境がトリガーである場合，たとえば，テレビの音を小さくしたり，テレビを消したりしてみる。

　行動のトリガーは，必ずしも1つとは限らない。同様に，トリガーを変える

ための方法も，いくつも考えうる。たとえば，ひとりぼっちになって寂しいことが，"大きな声でさわぐ"という行動のトリガーでありうる。その場合，"寂しさ"というトリガーに変化を与える方法は，いくつも考えうる。

　トリガーを変えることを試みるため，計画の記入表がある。上半分に解決策を記入し，下部の欄に計画を実行したかをチェックする（図表4-14）[9]。

4 行動への"処方せん"の作成

［1］行動への"処方せん"

　テリらのスター・プログラムでは，介護者であるアシテッドリビング職員自身が，対処法のプランをたてるかたちである。ステッフェンらの場合は，家族介護者がプランをたてる。けれども，介護者自身がプランをたてる以外にも，介護者を支援する人がプランをたてるかたちもありうる。その1例として，バージオ（Louis Burgio）を中心とする，アラバマ・リーチでの実践方法をみてみよう。

　アラバマ・リーチは，アラバマ州の高齢者サービス部とアラバマ大学が協力して行われた家族介護者支援プログラムである[10]。2004年から2007年にかけて実施されたこのプログラムでは，地域高齢者事務所（AAA）のケアマネジャーが，家族介護者を支援するかたちをとっている。なお，「リーチ（REACH）」とは，1995年からアメリカの複数の大学が共同で実施している研究プロジェクトである[11]。アラバマ・リーチでは，リーチでの介護者支援方法の一部が応用されている。

　アラバマ・リーチでは，介護者とその支援者が，共同で問題解決の過程に取り組むことを重視している。その過程に基づき支援者が作成するのが，図表4-15のような「行動への処方せん（Behavioral Prescription）」である。「処方せん」という言葉は，薬の処方せんになぞらえて使われているようである。

図表 4-15 「行動への処方せん」の記入例

1．対象となる行動：
　服を着せようとする時，私をたたいたり，ひどいことを言ったりする。
2．この処方箋全体における目標：
　衣服の着替えの際に，Aさんの暴力や暴言が少なくなる。
3．行動上の問題が生じるのを予防するための方策：
　○Aさんが十分な休息をとれている状態の時に着替えをする。
　○衣服を着替える際は，周囲の騒音や人の行き来が気にならない状態にする。
　○十分な運動の機会を確保するよう，Aさんが毎日散歩をできるようにする。
4．行動が生じた際に，どう対応するかについての方策：
　○Aさんにおだやかな言葉遣いで，小さくて柔らかな声で話しかける。
　○Aさんと言い争いをせず，怒った態度を見せないようにする。
　○可能であれば，違う場所に移動し，Aさんの気をそらす。

注：1～4の数字は筆者が付した。1の内容は［REACH Ⅱ Investigators 2002：Part Ⅱ Section 3, p. 10］に示された例を使用した。2～4は［Collins et al. 2004：63-64］を参考に作成した。
出所：例の記述以外は［Collins et al. 2004：45］に基づき筆者作成。

［2］介護者と支援者による探求

「行動への処方せん」を支援者が作成するに先立ち，介護者と支援者は，何度か話し合いをもつ。その話し合いは，次のような順序で行われる[12]。

① 対象となる行動を考える（図表4-15の1の欄に対応）。
② ①の行動がどう変化したらいいか考える（図表4-15の2の欄に対応）。
③ ①の行動の前にあったことと，行動の後に生じたことについての情報を集める。
④ ②の目標を実現するための解決策を，できるだけ多く考える。
⑤ そのなかから，実際に実行する解決策を選ぶ（図表4-15の3と4の欄に対応）。

①から⑤までの過程はすべて，支援者と介護者が話し合いながら進められる。たとえば，④で解決策を考える際には，支援者と介護者が思いつくままに語り合う。そのようなブレーンストーミングを通して，できるだけ多くの解決策を

リストアップする。そのなかから解決策を選ぶのが⑤の段階である。介護者が感情面で受け入れやすく、効果が高いと考えられる解決策を選ぶのである。

［3］処方せんの作成と実行

　①から⑤までの共同作業に基づき、支援者が処方せんを書き、実践へと結びつける。その過程は、次のようなかたちである。

　　⑥ ⑤までの検討に基づき、支援者が処方せんの原案を作成する。
　　⑦ 原案を介護者に提示し、介護者が実施する意志があるかを確認する。
　　⑧ 介護者が実施した後、効果や満足感を確認し、必要に応じて修正する。

「行動への処方せん」の原案を作成する際、支援者用のマニュアルが助けとなる。支援者用マニュアルには、何種類かの対応困難な行動ごとに、解決方法の例が支援者用マニュアルに示されている[13]。それぞれ、"行動上の問題が生じるのを予防するための方策"および"行動上の問題が生じた後の対応についての方策"の例がいくつか書かれている。支援者は、その例のなかから適切なものを選んだり、例のなかにない方策を自ら考え出したりして、「行動への処方せん」を作成する［Collins et al. 2004：47 - 68］。
　なお、図表4‐15では省略しているが、実際には、処方せんのなかに次のような言葉が記されている。シグナル呼吸法は、第2章でふれた"制御された呼吸法"に近いものだと思われる。

　　行動上の問題への対処の試みはストレスを伴うことを忘れないでください。その際に短時間のリラクゼーションを行うことはストレスを軽くする助けになります。とくに、この処方せんで提案している方策を実施する直前に、シグナル呼吸法を行うことをお勧めします。

［Collins et al. 2004：47］

そして，作成された処方せんを，介護者に提示する方法は，単に言葉で説明するだけではない。ロールプレイやデモンストレーションが用いられる。デモンストレーションとは，認知症の家族への言葉かけの仕方を，支援者が実際に行ってみせる，といったことである。ロールプレイでは，支援者が家族介護者の役，家族介護者が認知症の家族の役になって方策を行う練習をする，といった方法をとる［Collins et al. 2004：37－40］。

［4］アラバマ・リーチのプログラムの流れ

　アラバマ・リーチでは，地域高齢者事務所のケアマネジャーが現実に実行できるかどうかに配慮し，比較的簡便な支援方法をとっている［Greene 2008：35－36］。1人の家族介護者に対して，3カ月から4カ月程度を支援期間としている。その期間に，自宅訪問を4回，電話でのコンタクトを3回行う。自宅訪問と電話でのコンタクトとを交互に行うかたちである。したがって，2週間か3週間に1回程度，自宅訪問か電話でのコンタクトのどちらかをする，というペースであろう。

　対応困難な行動への対処に関わる支援は，自宅訪問と電話の際に毎回実施される。たとえば，次のような支援の例が示されている［Collins et al. 2004：9－11］。ケアマネジャーが支援者である。

- 1回目の自宅訪問（第1週）と1回目の電話（第2週）の際，①〜⑤を行う。
- その後，次の自宅訪問の時までに，支援者が処方せんの原案を作成する（⑥）。
- 2回目の自宅訪問（第4週）の際に，支援者が介護者に処方せんの提示を行う（⑦）。
- その後，処方せんに沿って，家族介護者が実行してみる。
- そして，2回目の電話（第7週）で，評価や修正等を行う（⑧）。
- 3回目の自宅訪問（第9週頃）では，可能であれば別の対応困難な行動に取り組み始める。

5 日本への示唆

[1] 本章のまとめ

○対応困難な行動への対処の方法として，ABC モデルを活用することができる。テリらの ABC モデルは，行動分析（行動療法，応用行動分析など）の延長線上に位置づけられる。
○行動分析でも，ABC の概念は一般的に用いられている。ただし，行動分析で ABC の概念を用いる際には，"強化" や "弁別刺激" などに注目することが多い。
○テリらの ABC モデルでも，"強化" や "弁別刺激" の理論は活かされている。しかしテリらは，行動分析の基盤である "行動の連鎖" という視点に基づき，ABC をより柔軟にみている。行動の前（A），対応困難な行動（B），行動の後（C），というシンプルな見方である。
○ABC モデルを活用する方法を介護者に伝えるため，さまざまな教育プログラムが工夫されている。

[2] 日本の介護者支援への示唆

日本において介護者支援のための教育プログラムを展開してゆく場合，次の点に留意しうる。
(1) ABC モデルを活用する。A と C を行動（B）の前と後という意味で理解する。
(2) 情報収集のための用紙と，対処方策の立案のための用紙を作成する。
(3) 問題場面と解決場面をドラマ形式で収録したビデオを準備する（あるいは，具体的な事例の資料を準備する）。
(4) 介護者の個別の状況に合わせた個別指導を含むように工夫する（場合によっては，介護者と一緒に考えたうえで，支援者が対処方策案を提示する）。

⑸ 支援者用のマニュアルを作成する（行動の種類別の対応方法の例示を含む）。
⑹ 介護者用の資料は，使いやすさを考慮し，簡潔なものを工夫する。
⑺ 参加者の知識や地理的困難などに即して，内容と方法を柔軟に調整する。

　教育プログラムを展開しうる支援者としては，たとえば地域包括支援センターの職員のほか，認知症の人と家族の会の会員なども考えられる。介護者も支援者も理解しやすい枠組みのもとで，多様な教育方法による介護者支援プログラムを展開してゆくことが望まれる。

1) ［吉野 2007］。この場合の「正」とは，好ましい結果（好子）が加わることである。「強化」とは，行動の可能性が強まることである。なお，行動の後に，本人にとって好ましくない結果（嫌子）を伴う場合，近い将来におけるその行動の可能性が弱まる。このことを「正の弱化（あるいは正の罰）」」と呼ぶ。「罰（弱化）」は，行動の可能性が弱まることを示す。

2) 好ましい結果（好子）が失われるために行動の可能性が弱まることは，「負の罰（あるいは負の弱化）」とも呼ばれる。あるいは，「消去（extinction）」という概念が使われることもある。この場合の「負」は，好ましい結果（好子）が失われる，あるいは少なくなることを示す。「罰（弱化）」は，行動の可能性が弱まることを示す。

3) ［吉野 2007：20］による。第三者の対応により生じる強化は，「付加的随伴性」と呼ばれる。それに対し，行動それ自体によって自然に生じる強化は，「行動内在的随伴性」と呼ばれる。なお，レビンゾーンらは，「楽しさを伴う活動」に関して，「強化を生じさせうる活動（Potentially Reinforcing Events）」という表現も用いている［MacPhillamy and Lewinsohn 1982：363］。

4) 正式名称は，Staff Training in Assisted Living Residences で，略して STAR と呼ばれる。本研究では，STAR の第4版［Teri and Huda 2004］に基づき検討する。

5) DVD ビデオでは，たとえば次のような場面がとりあげられている。娘の訪問がなく落ち込んでいる場面，服薬を拒む場面，服の着替えを拒む場面，食堂で夕食の準備をする職員に質問を繰り返す場面などである。支援者用マニュアルでは，不適切な性的行動もワークショップで議論と解説を行うよう指示されている［Teri and Huda 2004：90‐93］。

6) 資料の内容は，認知症の各段階の特徴と主な支援方法，うつと不安にみられる特徴，実践的コミュニケーション法，行動上の諸問題への対処法，施設における楽しい活動のリストなどである。

7) たとえばステッフェンらは行動上の問題に対処する方法として「注意をそらす」「楽しさを伴う活動により，代替的行動をとる」という方法をあげている［Steffen et al. 2001：73, 85］。また，期待された行動がなされた際，介護者が感謝の言葉などを示し，正の強化を図るという方法も示している。

第 4 章　対応困難な行動への対処方法

8）　この継続記録は，5週目と6週目に行われる。その週の課題として，家族介護者が記入をする。
9）　この用紙への記入は，7週目から9週目にかけて行われる。その週の課題として，家族介護者が記入をする。
10）　正式名称は Alabama REACH Demonstration Project である。その概要は［Greene 2008：32 - 33］。
11）　REACH (Resources for Enhancing Alzheimer's Caregiver Health) は，最初はアメリカ全国の6カ所で1995年から行われた（以下，REACH Ⅰ）。2回目の介入研究は5カ所で2001年から行われた（以下，REACH Ⅱ。［Schulz et al. 2003］）。
12）　①〜⑧はアラバマ・リーチの支援者向けマニュアル［Collins et al. 2004：29 - 33］の説明からのまとめだが，REACH Ⅱの支援者向けマニュアル［REACH Ⅱ Investigators 2002］の説明とほぼ一致している。なお，アラバマ・リーチを紹介した文献では，「リーチにおける介入ではテリらのABCアプローチを採用している」と明示されている［Greene 2008：36］。
13）　具体的には，次のような行動についてまとめられている。排泄，食事，入浴，コミュニケーション困難，質問の繰り返し，物の紛失，話す時に大声を出したりすること，不安・心配，暴言，悲しみやうつ，徘徊である。REACH Ⅱのマニュアルにも，典型的な対応困難な行動ごとに「行動への処方せん」の例が示されている［REACH Ⅱ Investigators 2002：Appendix A.］。その例示は，アラバマ・リーチのマニュアルに比べて詳細だが，アラバマ・リーチのほうがABCモデルに沿った簡潔な構成となっている。

第 5 章

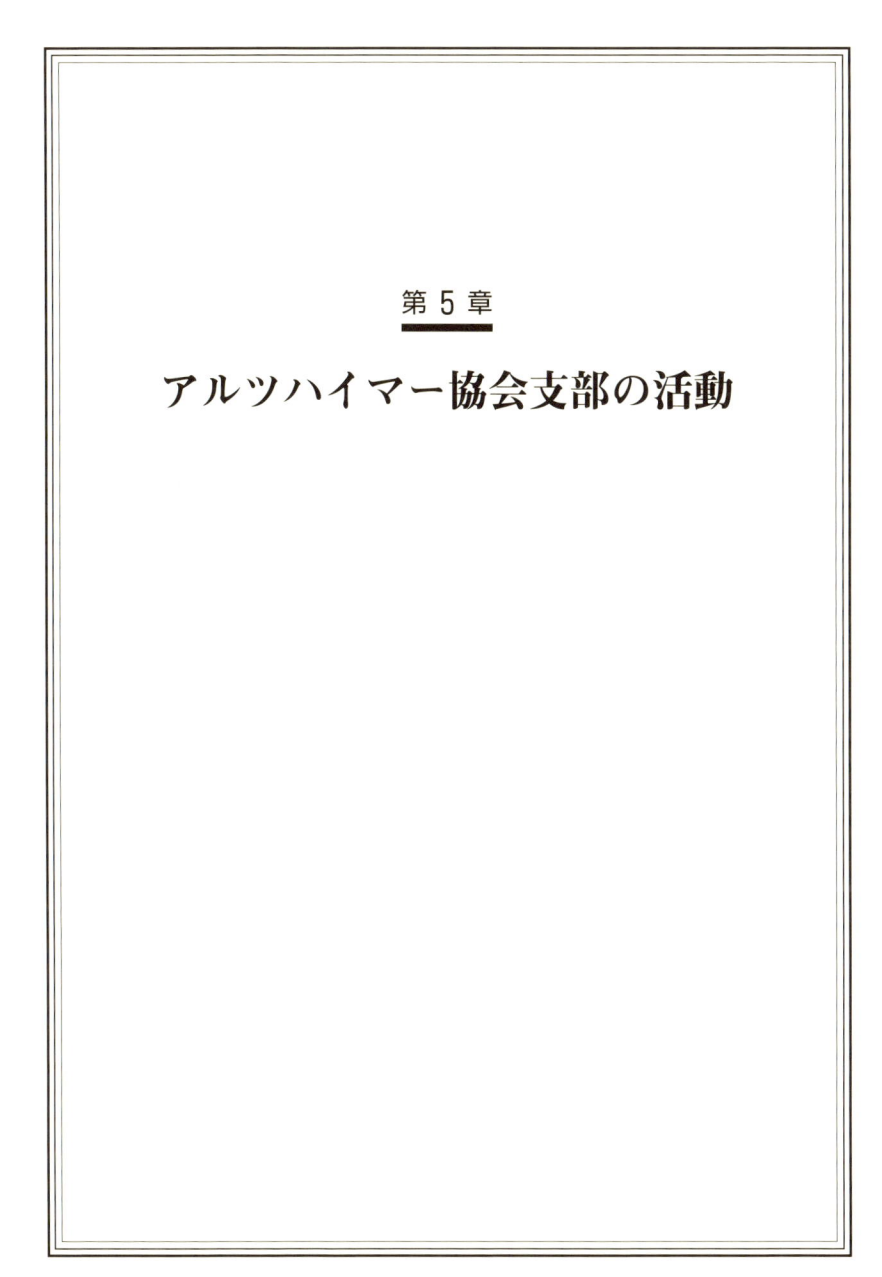

アルツハイマー協会支部の活動

1 アルツハイマー協会の設立と展開

　本章では，アメリカにおけるアルツハイマー協会の活動について検討する。全国組織の設立のいきさつにもふれるが，注目したいのは支部の活動である。アメリカのアルツハイマー協会に対応する組織は，日本では，"認知症の人と家族の会"である。アメリカのアルツハイマー協会も，そのはじまりには，認知症の人を家族にもつ人々が互いに支え合う実践があった。その点で，日本の場合と似た側面がある。

　アルツハイマー協会の支部の特徴の1つは，専任のスタッフとボランティアが協力し合っていることである。両者の協力を通して，多様な活動が行われている。文化的背景の違いもあり，アメリカの実践を日本に取り入れるのがよいとは単純にはいえない。けれども，支部レベルでどのような工夫がなされ，活動を広げているのか，検討することには意味がある。

［1］アルツハイマー協会の設立

　アメリカのアルツハイマー協会が法人組織として設立されたのは，1980年である。その前年，認知症の人の家族による5つのサポートグループが，全国組織をつくることについて話し合った。1980年の法人設立時，本部はニューヨークにあったが，1981年からはシカゴに移った［Alzheimer's Association 2008］。

　協会設立時，初代会長となったのは，ジェローム・ストーン（Jerome Stone）である。彼はもともと，シカゴに本社をおく会社の最高経営責任者（CEO）であった。1970年，彼が57歳の時に，妻がアルツハイマー病と診断された。その当時は，医療の世界でもアルツハイマー病はあまり知られていなかった。以来，彼は会社の経営と平行して，アルツハイマー病の介護に関わる人々の会を開いたり，アルツハイマー病に関わるロビー活動を政府に対して行ったりした。そして1983年には会社の経営から退き，その後もアルツハイマー協会の活動に精

第 5 章　アルツハイマー協会支部の活動

力的に関わった［Sherer 1995］。

　アルツハイマー協会の特徴の 1 つは，中央集権的ではない構造（decentralized structure）となっていることである［Beard 2004：807 - 808］。アメリカのすべての州に，アルツハイマー協会の支部は 1 つ以上ある。活動内容は，支部によって多様でありうる。それぞれの支部ごとに，自分たちが関わる人々に合わせて活動のあり方を決めている。支部のレベルで，開拓者的な実践に取り組みうる余地がある。たとえば，州政府に働きかけを行う際，認知症の人本人に関わってもらうことに力を入れる支部もある。

　支部が行っている活動の多くが，全国的に展開されている活動であることも事実である。たとえば，ヘルプラインと呼ばれる電話相談は，全国的に行われている。メモリーウォークも，毎年同じ時期に，全国的に実施される。サポートグループや教育プログラムが中核的な活動であることも，多くの支部に共通している。このように全国的な共通性がみられることも，アルツハイマー協会のもう 1 つの特徴である。けれども，専任スタッフとボランティアとで，支部ごとに独自の工夫を加えつつ，手づくり感覚で活動に取り組んでいる。

　アルツハイマー協会のビジョンとして，次の言葉が掲げられている。「アルツハイマー病のない世界（A world without Alzheimer's disease）」。そして，自分たちの使命（mission）が，次のように表現されている。

　　研究の進展を通してアルツハイマー病を根絶すること。アルツハイマー病の影響を受けているすべての人のためのケアとサポートを提供し増やしてゆくこと。脳の健康の促進を通して認知症のリスクを減らすこと。

　　　　　　　　　　　　　　　　　　　　［Alzheimer's Association 2010］

　この理念には，①認知症研究の促進，②認知症の人と介護者のサポート，③認知症予防の促進の 3 つが含まれている。研究の促進のために，アルツハイマー協会は先進的な研究に助成金を出すなどの活動も行っている。

[2] 支部の1例：アルツハイマー協会セントルイス支部

　支部の1例として，セントルイス支部などをとりあげる。セントルイス支部は，セントルイス地域，ミズーリ州東部，イリノイ州西部に住む人々に，さまざまなサポートを提供している。

　はじめに，設立の経緯をみてゆこう。セントルイス支部は，1981年に設立された。はじめは，1つのサポートグループから活動が始まった。そして今では，さまざまな種類のサービスを行うにいたっている。セントルイス地域に2つの事務所，ミズーリ州南東部に1つの事務所，イリノイ州南西部に1つの事務所がある。このうち，セントルイスのオリーブ通りにある事務所が，支部の中心的な事務所である（以下，「支部の事務所」）[1]。

　キャスリーン・オブライエン（Kathleen O'Brien）は，セントルイス支部の創設と発展に尽くした人物の1人である。彼女は，父親がアルツハイマー病と診断された後，1981年からアルツハイマー協会に参加した。1987年にセントルイス支部の事務局長となるまで，17年間，中学校教員として勤務していた。2001年からは，アルツハイマー協会の全国本部で活躍している［RERC-ACT 2010］。

　セントルイス支部が始まった当初に活動していたサポートグループのメンバーは，10名であった。サポートグループを通して，情報や介護のコツを教え合っていた。当時の家族介護者には，認知症についての情報源が少なかった。支部の活動開始後の数年間，主な活動は次のようなものだった。複数のサポートグループをつくること，求めに応じて基本的な情報を提供すること，不定期にニュースレターを発行すること，などである。なお，この時期のサポートグループは，家族介護者同士による自然発生的なグループだったようだ[2]。現在のサポートグループの多くも，家族介護者を中心に自主的に運営されている。

　1985年頃までには，マスメディアの働きや研究機関側の関心の高まりを背景に，全国的に，アルツハイマー病への社会的関心が高まってきた。1986年頃から，セントルイス支部の事務所では専任スタッフが働くようになった。専任スタッフとボランティアが協力し合い，支部の活動を発展させていった［Steffen et al. 1999］。

［3］ジョイン・ザ・コーズ

　このように，アルツハイマー協会の設立においては，家族介護者が重要な役割を果たした。そのはじまりには，小規模な人数の集まりがあった。そして，自分の家族や同じ病気に苦しむ人々を救いたい，という気持ちの共有があったと考えられる。

　アルツハイマー協会は，社会に対して大きな影響力をもちうる組織体制を，工夫しながらつくり上げていった。このことには，協会の設立に，ストーンのような企業経営者の関わりがあったことも，影響しているのかもしれない。

　ストーンは1995年，82歳の頃に，ある雑誌のインタビューに答えるなかで，cause（コーズ）という言葉を繰り返し使っている。cause は一般的には「原因」と訳しうる。が，ここでは「目標」と訳すことができる。すなわち，ここでの cause は，"人の心をつき動かして行動に向かわせるような原因，あるいは理想・目標"，という意味であろう。ストーンは，たとえば次のように述べている。

　　　その人の心の中に，実現したい目標（cause）がしっかりとあるなら，人は，ひと味ちがった動機をもつことになるはずです。そう，引退して年をとるとともに，自分自身や家族や友人のなかに，何らかの病気をもつ人がでてくるでしょう。そのために，せっぱつまった気持ちをもつ人たち——"自分の愛する人や友人のために何かをしたい"という気持ちをもつ人たち——がいます。その人たちを，病院や保健機関や地域のグループがリストアップするとしたら，どんなにすばらしいでしょう！　おそらく，そのような人たちは，率直に，"だれかの苦しみを和らげるための手助けをしたい"という気持ちをもっているのです。　　　　　　　　　　［Sherer 1995］

　この言葉は，家族や友人のなかに認知症の人がいることで，心が突き動かされ，社会的に意義のある活動に向かう，という道筋を示している。この道筋は，アルツハイマー協会に関わる人々の，少なくとも一部に共通している。cause

という言葉は，州や連邦政府への働きかけの活動への参加を呼びかける際にも，使われている。それは，アルツハイマー協会のホームページにある，"Join the cause（ジョイン・ザ・コーズ）"という表現である。それは，"われわれの目標の実現のために一緒にやりましょう"といった意味である。

［4］専任職員とボランティアが活躍するステージ

セントルイス支部の運営には，専任スタッフとともに熟練したボランティアが関わっている。事務所内のこまごまとした仕事から地域での講演の運営まで，数百人にも及ぶボランティアが支部の発展を支えてきた。

2003年に筆者はセントルイス支部の事務所を訪問した。事務所の中心に位置していたのは，多用途に使える広いスペースである。そのまわりに，専任スタッフたちの個室や，ヘルプラインなどの電話を受ける部屋，図書室などが配置されていた。中心に位置する広いスペースでは，ボランティアの人たちが事務的な作業を手伝っていた。その後，新しい事務所に移った後も，ボランティアの人たちが活躍するスペースは，事務所の中で中心的な位置を占めているようである。

支部の事務所は，専任スタッフが働くとともにボランティアが活躍するステージでもある。ボランティアとして参加するのは，たとえば，認知症の家族を看取ったり，認知症の家族が入所施設に移ったりした人たちである。

たとえば，セントルイス支部のボランティアの1人に，サンディ・ジャッフェ（Sandy Jaffe）がいる。彼の場合，ボランティアのきっかけは，妻が2000年にアルツハイマー病の診断を受けたことだった。その後，妻とともに，プロジェクト・エスティームのセルフヘルプグループに数年間参加した。

現在，妻は高齢者ケア施設に入所している。彼は，介護者に電話をするレスパイト・コール（respite call）というボランティアを行っている。そして，セントルイス支部の理事でもある。ボランティアを通して得られたものについて，彼は次のように語っている。

レスパイトコールのボランティアをしたおかげで,ほかの介護者の方たちが,どんなふうに認知症に向き合ったかが,よりよく理解できたと思います。どのケースもユニークでなものであり,介護者の方が経験せざるをえなかったさまざまな生活のありようが,みえてきたのです。

[Alzheimer's Association St. Louis Chapter 2009b]

　この言葉は,ボランティアが,自分自身の介護生活を振り返る機会でもあることを示している。ボランティアによって,他のさまざまな家族の生き方にふれることができる。そのことで,自分の介護生活や,認知症の家族と自分との関わりを振り返ることができるのである。

　ボランティアが活躍する場がつくられるためには,専任スタッフの存在もまた重要である。専任スタッフは,ボランティアを教育したり,コーディネートしたりする。専任スタッフが働くためには,その給与を支払うための資金が必要となる。支部の活動のための資金を確保することは,そのためにも重要である。

　セントルイス支部の2007年の事業報告書は,"アルツハイマー・コミュニティの皆さんへ（To the Alzheimer Community）"という言葉で始まっている。アルツハイマー協会の活動に関わる人々の集合体が,「アルツハイマー・コミュニティ」と表現されている。セントルイス支部の活動にボランティアとして現に関わっている人の数は,964人だと報告されている[Alzheimer's Association St. Louis Chapter 2008c]。

2 支部の多様な活動[3]

　セントルイス支部の主な活動を整理すると,次の4種類に分けることができる。(1)家族介護者等への支援,(2)地域の一般の人々との関わり,(3)サービス従

図表 5-1　アルツハイマー協会の支部の活動

非専門家への支援・働きかけ

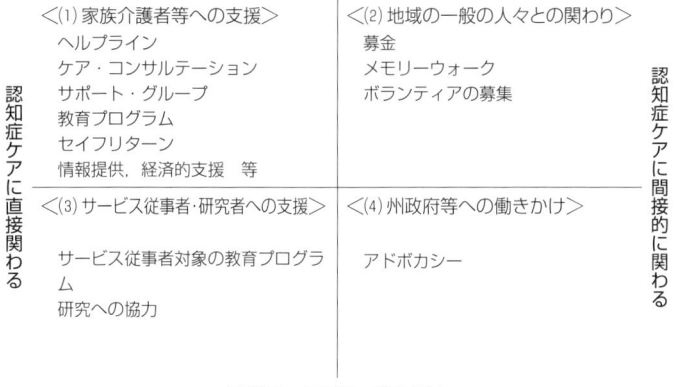

	<(1) 家族介護者等への支援>	<(2) 地域の一般の人々との関わり>	
認知症ケアに直接関わる	ヘルプライン ケア・コンサルテーション サポート・グループ 教育プログラム セイフリターン 情報提供，経済的支援　等	募金 メモリーウォーク ボランティアの募集	認知症ケアに間接的に関わる
	<(3) サービス従事者・研究者への支援>	<(4) 州政府等への働きかけ>	
	サービス従事者対象の教育プログラム 研究への協力	アドボカシー	

専門家への支援・働きかけ

出所：[Alzheimer's Association St. Louis Chapter 2003a; 2010a] に基づき筆者作成。

事者・研究者への支援，(4)州政府等への働きかけの4種類である。それらを図示すると，**図表 5-1** のようになる。

　支部の多様な活動のうち，活動の中核は，やはり(1)の家族介護者等への支援であろう。サポートグループや教育プログラムなどである。これらによって，現に認知症の人を家族にもつ人々を直接的に助けている。これらの活動は，家族介護者の自助（self-help）に役立つという性格を含んでいる。

　それに対して，(2)～(4)の活動は，アルツハイマー協会の活動のいわば社会運動的な側面の広がりを示している。これらは，認知症の人やその家族を直接的に助けているわけではないが，認知症の人とその介護者が生活しやすい社会をつくるのに役立っている。(2)を通して，認知症についての社会的関心や理解が広がる。(3)により，認知症ケアの質が高まり，認知症に関する医学的および社会科学的な解明が進む。(4)により，認知症の人や介護者を助ける政策がつくられる。

　以下，主にセントルイス支部の活動を一とおりみてゆく。その際，それぞれの活動に，ボランティアがどの程度関わっているかに注目したい。

［1］家族介護者等への支援
■　ヘルプライン

　ヘルプライン（Helpline）は，電話での相談・情報提供サービスである。経験を積んだボランティアが24時間，質問に答えたり，情報を提供したりしている。また，認知症を介護する家族の話をじっり聴くこともある。

　ヘルプラインのボランティアの人たちは，"ヘルプライン・チーム"と表現されることもある。セントルイス支部では，ヘルプラインのボランティアを対象に，毎月のトレーニングが行われている。トレーニングにより，アルツハイマー協会のプログラムやサービス，地域の利用可能な社会資源などに関する最新の情報が把握できている。2009年のトレーニングでは，たとえば，アメリカ全国のナーシングホームに対して始まった5段階の施設評価システムについて学び，議論がなされた。

　2009年に完成した新しい支部事務所では，支部の活動を支えるボランティアの人たち用のスペースが1カ所にまとめられている。そのなかにヘルプライン・チームのための場所も位置づけられている。また同じスペースには，大きなテレビモニターをもつトレーニング用のスペースも設けられている。

■　ケア・コンサルテーション

　支部の専任スタッフが家族介護者等の相談を個別に受け，家族が必要なサービスを見つけたり，問題を解決したり，将来に向けて計画をたてたりするのを手助けしたりする。

■　サポートグループ

　サポートグループは，家族介護者同士が月1，2回程度少人数で集まり，認知症の家族の介護の体験をお互いに分かち合うものである。地域ごとにいくつものサポートグループがつくられ，自分の身近な地域のサポートグループに参加できるかたちとなっている（第6章で詳しく説明する）。

■ 家族介護者への教育プログラム

　家族介護者向けとサービス従事者向けの両方の教育プログラムが含まれる。認知症の各段階で生じる問題の解決に役立つ，さまざまなプログラムが準備されている（第6章で詳しく説明する）。

　教育プログラムの運営にも，ボランティアが関わっている。教育プログラムへの参加を他の人に勧めたり，受付を手伝ったり，プログラムのなかで情報提供を行ったりする。

■ セイフリターン[4)]

　認知症の人の徘徊に関連するプログラムである。認知症の人が行方不明になった際に，無事に見つかり家に戻ることができるよう支援を行う。全国規模のプログラムで，メディクアラート財団とアルツハイマー協会の共同で行われる。正確な名称は，メディクアラート・プラス・セイフリターン（MedicAlert + Safe Return）である。その概要は以下の(ⅰ)〜(ⅲ)のとおりである。

（ⅰ）登　　録

　このプログラムに参加する場合には，あらかじめ登録をしておく必要がある。登録料は約50ドルで，毎年の更新料は30ドルである。申込書に書く情報には，次の内容が含まれる。認知症の人の名前・住所・電話番号。身長，体重，目や髪や肌の色，いれずみ・きず・あざなどの情報。治療中の病気，アレルギーの有無，服用している薬などの医療情報。家族などの名前・住所・電話番号。これらの情報は，全国的なデータベースに入力される。

（ⅱ）IDジュエリーの送付

　登録後，小さい楕円形の金属板にチェーンがついた「IDジュエリー（ID Jewelry）」が送られてくる。これを本人が，ブレスレットまたはネックレスとして身につける。金属板には，次の情報が刻まれている。本人のID番号，緊急連絡用電話番号，本人の重要情報である。緊急連絡用電話番号は，通話料無料・24時間対応である。本人の重要情報は，本人が認知症であることを示す言葉（"Memory Impaired"）と，重要な医療情報（たとえば"Allergic to Penicillin"）で

ある。

(ⅲ) 行方不明になってから見つかるまでの対応

　行方不明の緊急連絡が家族などからあると，地域の警察とアルツハイマー協会に伝えられる。警察が本人を探している間，アルツハイマー協会の支部は，家族へのサポートを行う。認知症の人を見つけた人は，IDジュエリーなどに書いてある電話番号に電話する。電話のオペレーターは，ただちにデータベースのリストにある家族など（介護者）に連絡する。

■ コンフォート・ゾーン（Comfort Zone）[5]

　なお，セイフリターンに加え，GPS機能を使ったサービスがある。このコンフォート・ゾーンというサービスは，アルツハイマー協会とオムニリンクという会社が開発したものである。利用料は月40ドルだが，セイフリターンのサービスも含まれる。このサービスでは，GPS機能のついた装置を認知症の人が身につける。腕時計やポケットベルのような形をしている。認知症の人が運転をする場合，車に装着する。

■ 情報提供（図書室，ホームページ，ニュースレター等）

　支部の事務所にある図書室では，認知症に関する本やビデオ，オーディオテープなどがあり，貸し出しや販売を行っている。ここでも，ボランティアの人たち（Volunteer Librarian）が活躍している。図書室には，図書やビデオなどのほか，各種パンフレットもある。

　図書室のボランティアは，ヘルプラインのボランティアへの支援も行っている。ヘルプラインのボランティアは，電話をしてきた家族の人にパンフレットを選んで郵送することがある。その際，図書室のボランティアは，パンフレットを選ぶための手伝いをする。

　また，ホームページからもさまざまな情報が得られる。支部のホームページは，全国本部のホームページとリンクしている。支部のホームページから，さまざまな情報をダウンロードすることができる。たとえば，地域で利用可能な

サポートグループや施設，デイサービスなどのリストをダウンロードできる。さまざまなパンフレットも PDF ファイルで提供されている。

なお，支部のニュースレターも定期的に発行されている。

■ 経済的な支援

介護者への"休息（respite）"の提供を意味するレスパイト・ケアには，デイサービス，ホームヘルプ，ショートステイなどが含まれる。これらのサービスは，アルツハイマー協会が直接提供するのではなく，他のさまざまなサービス専門機関により提供される。

アルツハイマー協会セントルイス支部では，レスパイト・ケア利用支援（Respite Care Assistance）を行っている。利用可能なサービスの情報を提供するほか，サービスの利用料の一部の助成を得るための支援を行っている。そのほかにも，家族支援基金（Family Support Fund）という家族介護者向けの経済的支援も行われている。

[2] 地域の一般の人々との関わり
■ メモリーウォーク

メモリーウォークは，特定の日時に，決められた場所で，一般の市民の人たちが歩く催しである。メモリーウォークの目的の1つは，募金集めである。また，認知症の問題の重要性を，社会にアピールする機会でもある。当日に歩く人たちが，それまでの数カ月間に，知り合い等に呼びかけて募金を集める。また，協賛する企業等が寄付を行ったりする。

2009年度の場合，セントルイス支部では9月12日，19日，26日の3日間（いずれも日曜日），6カ所で行われた。会場の多くは公園である。メモリーウォークで歩くことに参加する人たちもボランティアだが，メモリーウォークの行事を支える仕事をする人たちの多くもボランティアである。たとえば，自分が住んでいる近所に5～10枚程度ポスターを貼るのを手伝うことも，ボランティアの1つである。

メモリーウォークに参加する場合，チームを組んで登録する。実際に歩く日の数カ月前から登録可能である。チーム名などの紹介は，支部のホームページでもなされる。各チームは，メモリーウォークの日までの募金の目標金額を設定する。そして，身近な人たちに募金を呼びかける。ホームページでは，最も多くの募金を集めたチームなども紹介される。

メモリーウォークは募金集めの機会であるとともに，みんなで楽しむお祭りのようなイベント，という性格ももっている。

■ 募　金

支部の運営は，寄付（募金）や補助金など，多方面からの収入によってまかなわれている。2010年現在，セントルイス支部の収入の6割以上は，個人や地域から得られたものである。支出のうち，9割弱は直接的なサービスのために使われ，1割強は事務費用等に使われる。募金を行った人は"支部サポーター"となり，支部のニュースレターが送付される。

募金集めは，さまざまなイベントを通しても行われる。イベントの代表例は，メモリーウォークである。メモリーウォークのほかにも，支部主催のさまざまなイベントの運営に，ボランティアが協力している。セントルイス支部で行われているイベントの例を，次にあげる。

(i) サマー・メモリーズ（Summer Memories）

若年アンバサダー委員会（Young Ambassadors Committee）が主催し，年1回行われる。楽しみと資金集めを兼ねたイベントである。若年アンバサダー委員会は，20代半ばから30代後半までの専門家たちで構成される，ボランティアのグループである。2009年のサマー・メモリーズは，6月5日の夕方に，ビール会社アンホイザーブッシュが運営するグランツ・ファームという公園を会場として行われた。動物園の機能やレストランなどの設備をあわせもつ公園である。音楽や食事を中心とする楽しい会であった。

(ii) ブッシュ・スタジアムでの野球体験（Ultimate Baseball Experience）

2010年5月14日に開催されたイベントである。場所は，メジャーリーグのセ

ントルイス・カーディナルズの本拠地ブッシュ・スタジアムである。14歳以上の人が，1人60ドルで参加できる。参加費は，セントルイス支部の運営資金として使われる。参加者は，スタジアム内のクラブハウスやダグアウトなどの見学ツアーを体験できる。また，レプリカのカーディナルズのユニホーム・帽子・バットがもらえる。そして，カーディナルズの元選手の指導により，バッティングと走塁の体験ができる。バッティングの体験の後に，スタジアム内での歓迎パーティに参加できる。

■ ボランティア（募集・トレーニング・活動）

　前述したヘルプラインや図書室のボランティア以外にも，支部の事務所では，さまざまなボランティアが活躍している。たとえば，次のようなものがある。
- 電話での応対や受付（Telephone & Reception Volunteer）：支部にきた電話を該当部署につないだり，支部の事務所への訪問者の相手をしたりする。
- データ入力（Data Entry Volunteer）：記録を更新したり，データ入力を行ったりする。ボランティアとして関わるには，トレーニングが必要である。
- 書類の整理など（Office Volunteer）：資料を配布できるように仕分けたり，コピーをとったり，郵送の手伝いをしたりする。

　支部の事務所以外の場所でも，ボランティアが活躍している。前述したメモリー・ウォークなどの募金集めのイベントがその代表例である。そのほかにも，たとえば次のようなボランティアもある。アウトリーチ・アンバサダー（Outreach Ambassador）である。

　アウトリーチ・アンバサダーは，自分の住む地域で行うボランティアである。たとえば，アルツハイマー協会がどのような活動をしているかを，自分の住む地域の人々に伝える。とくに，支部の事務所があるセントルイスから離れた村落地域での活動は，重要である。家族介護者のなかには，アルツハイマー協会の存在じたいを知らない人たちもいる。その人たちに，協会の活動を伝えることが求められている。

　このボランティアは，自分自身のスケジュールに合わせて，柔軟に行うこと

ができる。たとえば、週末だけとか、1日のうちの短い時間を見つけてするなどでもよい。自分の住む身近な地域で、自由な時間帯に行うことができる。近隣の人々、医療機関、地域内の団体、自営業の人たち、学校などと協力しながら行われる。

［3］サービス従事者・研究者への支援
■ サービス従事者への教育プログラム
　アルツハイマー協会が行う教育プログラムには、家族介護者などを対象とするプログラムのほかに、認知症の人に関わるサービス従事者向けのプログラムも含まれる（第6章で詳しく説明する）。

■ 研究への協力
　医学的研究やそれ以外の研究にも、アルツハイマー協会は積極的に協力している。医学的研究では、認知症の原因の追究や、効果的な薬の開発などがめざされる。アルツハイマー協会は、研究への協力者を募集して、研究機関に紹介している。

　前述したように、アルツハイマー協会の理念は、「アルツハイマーのない世界」である。この理念の実現にとって、アルツハイマー病の治療薬の開発への支援は、重要な意味をもつ。開発中の薬の効果を調べるための治験には、多くのボランティアが必要である。

　医学以外の研究の1例としては、家族介護者の負担を減らすことに役立つ研究がある。たとえば、アンケート調査の対象者を探すのに、アルツハイマー協会として協力を行っている。家族介護者に対するステッフェンらの介入研究でも、セントルイス支部などの協力により、研究対象者の一部を見出している。

　セントルイス支部では、研究対象者登録システム（Research Registry）を積極的に展開している。その概要は次のとおりである。
- 研究対象者として協力できる人は、認知症の人や家族などである（以下、研究協力ボランティア）。研究協力ボランティアは、同意書と申込用紙に記入し

て登録する。基本的な情報は，データベースに保管される。研究協力ボランティアは，登録システムからいつでも退会することができる。
- 厳密な審査を受けて認められた研究者のみが，データベースにアクセスできる。特定の研究において，研究対象者の条件に合った研究協力ボランティアは，連絡を受ける。その研究に実際に協力するかどうかは，自分で選択可能である。
- 研究協力ボランティアは，参加可能な研究のリストを年1回以上，セントルイス支部から伝えられる。参加したい研究があれば，研究協力ボランティアのほうから連絡して参加することもできる。
- 研究で使われる薬や治療などは，すべて無料である。研究協力は基本的には無報酬だが，その研究ごとに何らかの謝礼がある場合もある。ボランティアとして協力しうる研究の種類は，医学的研究に限られない。

［4］州政府等との関わり

■ アドボカシー

　アルツハイマー協会の全国本部は，認知症の政策に関し，連邦政府の政策形成に向けて働きかけを行っている。同様に，支部レベルでは，州政府などの政策形成に向けて働きかけを行っている。セントルイス支部では，そのようなアドボカシーの活動を担当する専任スタッフをおき，ミズーリ州政府やイリノイ州政府に積極的に働きかけている。

　アドボカシー（Advocacy）あるいはアドボケート（Advocate）は，「代弁」「代弁する」「代弁者」という意味で広く使われる言葉である。しかしながら，場合によっては，より狭く，"州政府や連邦政府における政策形成に向けての働きかけ"という意味合いでも使われる。アルツハイマー協会の支部の活動としてのアドボカシーは，どちらかといえば，後者の，より狭い意味で使われている。

　そのような働きかけを行う人々は，アドボケイツ（Advocates）と呼ばれる。アルツハイマー協会は，本部の設立の時点からすでに，政策形成に向けた働き

かけを重視してきた。支部の活動においても、州の政策形成に向けた働きかけが重視されている。

セントルイス支部におけるアドボカシーの主要な活動の1つに、メモリーデイ（Memory Day）がある。これは、ミズーリ州の州都、ジェファーソン・シティに、年1回、1日がかりで出向く活動である。ジェファーソン・シティは、セントルイスから車で数時間かかる距離にある。メモリーデイの当日は、セントルイス支部が準備したバスに乗って出向く。バスの中では、アドボカシーに関する教育も行われる。

2009年3月のメモリーデイでは、140人のボランティアが参加し、州議会を訪問した。その当日には、認知症関連の州計画策定委員会の設立に関する法案が可決され、一時的に削減されていた認知症関連サービス助成金が復活した。また、予算委員会に関わる州議会議員らと会い、話し合いを行った。

州の予算は、アルツハイマー協会の支部の活動にとっても重要な意味をもつ。州からの助成は、支部が行う支援やサービスの重要な基盤の1つである。

セントルイス支部は、各地域のボランティアの人々に、メモリーデイの後もアドボカシーの活動を続けてほしい、と呼びかけている。たとえば、予算委員会に関わる州議会議員などへの働きかけである。ボランティアの人たちが、自分が住む地域から選出されている州議会議員に会い、認知症関連の予算の継続の重要性について話し合うのである。この活動の出発点が3月のメモリーデイである、という位置づけもなされている。

3 ｜ 日本への示唆

[1] 本章のまとめ

本章では、アルツハイマー協会の支部における実践の多様性をみた。主にセントルイス支部の活動を中心に検討した。その内容を箇条書きで記す。

○日本では，認知症の人と家族の会が介護者支援に重要な役割を果たしている。それと同様，アメリカでは，アルツハイマー協会が介護者支援に関わる主な団体の1つとなっている。
○アルツハイマー協会の支部で行われている多様な活動は，次の4種類に分類しうる。家族介護者等への支援，サービス従事者・研究者への支援，一般市民との関わり，行政・研究者への働きかけである。
○アルツハイマー協会の支部の活動の多くは，専任のスタッフとボランティアが協力し合いつつ行われている。支部の事務所は，専任スタッフの仕事場であるとともに，ボランティアが活躍するステージでもある。

[2] 日本の介護者支援への示唆

久保は，セルフヘルプグループに関して，次の2つのレベルを論じている[久保 2004：129]。

(1) グループ・レベル（狭義のセルフヘルプグループ）
(2) オーガニゼーション・レベル（例："全国協会"）

久保は，オーガニゼーション・レベルの重要性に注意を喚起している。本稿でみたような支部の事務所の実践もまた，オーガニゼーション・レベルの機能という観点から理解できる。

仲間同士の人格的交流や自発的な参加といった性格は，グループ・レベルで明確にみられるものである。この性格を保ちつつ，オーガニゼーション・レベルの機能を効果的に発揮し，多様な活動を展開してゆくこと。このことは，多くの保健福祉実践にとって共通の課題であろう。その課題を達成する試みの1つとして，アルツハイマー協会の支部の活動は参考に値する。

さまざまなニーズに応じた活動を工夫しつつ広く展開してゆくためには，何が必要か。工夫を検討し実行しうる条件には，たとえば，次のようなものが含まれるであろう。

- 支部事務所の経済的な余裕
- 質の高い協力者やボランティアの確保

第5章 アルツハイマー協会支部の活動

- 支部事務所の専任スタッフの資質の高さ

　財政面での余裕も必要である。しかし，それとともに，活動を実現するための「人」の存在も重要である。2003年に筆者がお会いした，セントルイス支部事務所のスタッフの何人かは，ソーシャルワークの大学院修士課程の卒業生であった。

1) この段落の説明は，[Alzheimer's Association St. Louis Chapter 2003a] による。なお，支部の活動が始まった年を1980年と紹介している資料もある [Steffen et al. 1999：263]。おそらくサポートグループの活動が1980年から始まり，そのグループのメンバーを中心に1981年に正式に支部が設立されたと思われる。
2) この時期のグループは，サポートグループというよりも，セルフヘルプグループ（自助グループ）と呼ぶべきものだったかもしれない。岡によれば，専門機関の関わりが強いものはサポートグループ，当事者同士による自然発生的なグループはセルフヘルプグループ（自助グループ），と区別しうる [岡 2009：64]。
3) この節でのセントルイス支部の活動は，他の引用注がない限り，次の資料に基づく。[Alzheimer's Association St. Louis Chapter 2009a; 2010a; 2010b]。
4) セイフリターンに関してはアルツハイマー協会全国本部ホームページのほか，メディクアラート財団のホームページ（http://www.medicalert.org/）を参考にした。
5) コンフォート・ゾーンに関しては，次のホームページを参考にした。http://www.alz.org/comfortzone/index.asp（2011年5月15日参照）。

第6章

教育プログラムとサポートグループ

1　サポートグループの運営

　本章では，アメリカにおけるアルツハイマー協会のサポートグループと教育プログラムについて検討する。日本の"認知症の人と家族の会"においても，"つどい"等の集まりで互いに語り合い，学び合うことは，重要な活動である。アメリカのアルツハイマー協会の場合，サポートグループと教育プログラムがそれに相当する。

[1] サポートグループの概要[1)]

　アルツハイマー協会では，サポートグループの運営を支援したり，情報提供を行ったりしている。サポートグループは，少人数のメンバーによる定期的な話し合いの会である。認知症の人の家族，友人，その他の介護者などが参加し，悩みを分かち合ったり，解決を図ったりする。訓練された専門家またはボランティアが，ファシリテーター，すなわち，司会役あるいは進行役となる。

　サポートグループのリストは，ホームページなどで公開されている。そのリストには，それぞれのサポートグループに関する基本情報が掲載されている。その情報の1つは，定期的な集まりの住所と日時である（たとえば，第1火曜日の午後7時）。また，ファシリテーターの名前と電話番号も掲載されている。開催地域は，サポートグループによってさまざまである。

　参加を希望する人は，自分が住んでいる場所の近くのサポートグループをリストから探す。リストには，開催地域ごとにグループの情報が掲載されている。そのなかから，参加希望者は，参加したいサポートグループを自分で決める。そして，そのグループのファシリテーターに電話で連絡する。なお，どのグループが自分に合っているかを決めるまでに，いくつかのグループの会合に参加してみることが推奨されている。

　サポートグループの会合は，さまざまな場所で行われる。主な場所は，老人

第 6 章　教育プログラムとサポートグループ

ホーム，病院，教会，デイサービスセンターなどである。なお，後述するように，特殊なサポートグループは，支部の事務所で開催されることが多い。開催時間は，午後 1 時からなどの昼間や，午後 7 時からなどの夜間に行われる。会場までの交通手段の提供がある場合もある。会に参加している間，認知症の人の世話をしてもらえる場合もある。

　ファシリテーターになるためには，支部の専任スタッフによるトレーニングを受ける必要がある。たとえば，2009 年 6 月 17 日実施のトレーニングは，支部の事務所で午前 9 時から午後 3 時半まで行われた。トレーニングでは，現役のファシリテーターやサポートグループ参加者から，話を聴く機会も設けられている［Alzheimer's Association St. Louis Chapter 2009a］。

［2］サポートグループの例

　サポートグループの運営には，専門的なサービス機関のスタッフが関わる場合もあれば，ボランティアが関わる場合もある。セントルイス支部のリストに含まれる，サポートグループの例をいくつかみておこう。

　その 1 例は，ガーデンビュー・ケアセンターで開催されるものである。ガーデンビュー・ケアセンターは，セントルイス近郊で 3 カ所のデイサービスセンターを運営している。各デイサービスセンターで，サポートグループを月 1 回，定期的に開催している［Garden View Care Center 2011］。サポートグループのリストに掲載されている電話番号は，各デイサービスセンターの代表番号である。デイサービスセンターのスタッフが，サポートグループの運営に関わっている。

　もう 1 つの例として，サンジュヌヴィエーヴ・カウンティで 2009 年につくられたグループをみよう［Ste. Genevieve Herald 2010］。この地域は，セントルイス市街地から南に車で数十分かかる場所である。グループの運営には，父親がアルツハイマー病と診断されたリサ・フリーマン（Lisa Fleeman）という介護者が関わっている。開催場所は，最初は地元のデイサービスセンターで，その後，地元の病院に移った。最初の頃は，参加者は 1 人か 2 人のことも多く，フリーマン以外にだれも来なかった回も何度かあったという。

フリーマンによれば，最初の頃に参加が少なかった背景には，認知症に対するスティグマの存在があったという。すなわち，「認知症の家族がいる」というマイナスのレッテルを貼られるおそれである。「自分の家族にアルツハイマー病の人がいることを知られたくない」という気持ちが，家族介護者にあった。そのことが，サポートグループに参加するのをためらうことにつながっていた可能性である。

　このように，サポートグループをつくり始める際には，なかなか人が集まらないという苦労もあるようだ。とくに，市街地から離れた場所では，参加への心理的抵抗が強いのかもしれない。

　なお，サポートグループが定期的に開かれていない地域で，一時的に開催される場合もある。その1例は，モンローカウンティ（Monroe County）のウォータールー（Waterloo）で開かれたものである。この地域も，セントルイス市街地から車で数十分かかる場所である。2009年8月26日の午後7時から9時まで，その時限りのサポートグループが開催された。5人の家族介護者を紹介したテレビ番組を一緒に見て，その後に感想を話し合った[Suburban Journals of Greater St. Louis 2009]。

[3] 特殊なサポートグループ
■1 支部事務所で運営するグループ

　アルツハイマー協会のセントルイス支部事務所では，いくつかの特殊なサポートグループを運営している。たとえば，次のようなものが含まれる。

- 初期の認知症の人とその家族が参加するグループ（プロジェクト・エスティーム）
- 重度の認知症の人の介護者を対象とするグループ
- 男性の介護者対象のグループ
- 若年認知症の人の配偶者を対象とするグループ

　これらのうち，1つめの初期の認知症に焦点を合わせたグループには，認知症の人本人も参加する。このサポートグループは，プロジェクト・エスティー

ム（Project Esteem）と呼ばれる。

2 認知症の人本人の参加

　プロジェクト・エスティームでは，認知症の人のグループと，その家族または友人のグループに分かれて活動する。認知症の人のグループでは，自分自身の認知症の症状にどう対処したらいいかを話し合ったり，学んだりする。家族や友人のグループでは，どのように認知症の人を支えたらよいかを話し合う。

　認知症の人本人が参加するサポートグループは，ニューヨーク支部でも実践されている。2001年における活動を紹介した記事をみておこう［Fuchs 2001］。それによると，比較的軽度の認知症の人7名が，毎週，マンハッタンにある支部事務所で会合を行っている。2名のソーシャルワーカーも同席して会話の進行を手助けしている。たとえば，ある回には，アルツハイマーの人に付されるスティグマについて，お互いの意見が話し合われた。

　2010年から，セントルイス支部ではレッツトーク（Let's Talk）という革新的な試みが行われている。これは，電話を通して，軽度の認知症の人同士が話し合うというものである。軽度の認知症の人がボランティアとなり，支部の事務所から軽度の認知症の人の自宅に電話する。電話を通して，生活上の工夫などについて話し合って情報を共有したりする。社会的な孤立をやわらげたり，情緒的なサポートを得たりもする。

　レッツトークは，認知症の本人同士の1対1の電話であり，サポートグループとはいえないかもしれない。けれども，その目的は，サポートグループと同様である。いわば，電話を通して2人で実施するサポートグループ，とも考えられる。

3 オンライン・コミュニティ

　アルツハイマー協会の全国本部のホームページには，掲示板（message boards）やチャットルームが設けられている。これにより，インターネットによる全国規模のコミュニティ（virtual online community）をつくり出している。

掲示板には，全国に数千人の登録会員がいる。また，掲示板に書き込まれた話や情報を，だれもが24時間インターネット上で読むことができる。

オンライン・コミュニティは，一般的なサポートグループではないが，インターネットを通して，サポートグループと同様の働きをもちうる。

［4］文化的特質に合わせたグループ

サポートグループは，参加者の文化的背景や生活習慣などに適合したかたちで運営される必要がある。その1例として，アフリカ系アメリカ人に合わせたサポートグループの運営をみよう。デラウェア・ヴァリー（Delaware Valley）支部における試みの例である[2]。

アフリカ系アメリカ人に合ったグループをどう運営したらいいかを検討するため，デラウェア・ヴァリー支部では調査を行った。その結果，グループに参加するうえでの壁（バリア）として，次のような点があることがわかった。交通手段がないこと，サポートグループから得られるものについて知らないこと，仕事や家事などとの兼ね合いで出られないこと，などである。

また，アフリカ系アメリカ人の文化的特質に配慮する必要性も，確かめられた。たとえば，アフリカ系アメリカ人においては，人と人とが個人的によく知り合うことが重視される。そのため，ファシリテーターは，1人1人の参加者のことをよく理解する必要がある。また，郵便などではなく直接，個別的に参加を勧めることが肝要である。

サポートグループの運営へのアドバイスを得るため，委員会も組織された。委員会には，地域のさまざまな機関や人々が参加した。たとえば教会は，アフリカ系アメリカ人のコミュニティにとって重要な意味をもっている。地域のリーダー，地元の自営業主，アフリカ系アメリカ人に信頼されているサービス提供機関なども委員会に協力した。その結果，継続性のあるサポートグループがかたちづくられた。

具体的には，快適に参加しうるグループにするため，次のような工夫がなされた。

- 地元の自営業主に協力をお願いして、グループの開催情報を多くの人に宣伝してもらう。たとえば、理髪店、ネイルサロン、雑貨店、スーパーマーケットなどに協力してもらう。
- グループの会合と会合のあいだの期間に、ファシリテーターが参加者に電話をして、必要な支援を行う。
- グループのメンバー同士の連絡網をつくる。それにより、メンバー同士が、会合の場以外でも支援し合えるようにする。
- 会合の際には、軽い食事（おやつ）を提供する。
- 会合の時間中に、気分を発散できるような時間帯を設ける。
- 会合に車で来る人のため、駐車場を確保する。
- 会合では、介護者に直接役立つ情報を提供する。そして、学んだ情報を実際にどのように役立てるか、話し合い、確認できる時間を設ける。
- グループのメンバーに、さまざまな役割を果たしてもらう。たとえば、おやつを持ってくる、役に立つ資料を準備するなどである。それにより、"みんなでグループを運営している"という意識を育む。
- 持ち寄りのお食事会のような、年間行事を開く。
- 認知症の家族の写真を持参してもらうなどして、メンバー同士の絆を育む。
- 会合に参加しなかったメンバーに電話し、どうして参加できなかったのかを確認する。

［5］情緒的要素と学習的要素のバランス

　サポートグループへの参加で得られるものが、セントルイス支部のホームページであげられている。それらは、図表6-1に示すように、情緒的な要素と学習的な要素に分けることができる。
　あるサポートグループの形成に関わったアルツハイマー協会のスタッフの次の言葉は、両方の要素の重要性を示している。

　　この病気に対処するうえで、最も重要な局面の1つは、家族の人たちが、

図表6-1　サポートグループから得られるもの

情緒的な要素	学習的な要素
• 楽しさ，寂しさ，怒り，混乱などの感情を気がねなく表現する。 • 自分がひとりではないことを発見する。 • 自分の状況を理解してくれる人々のなかでストレスを解消する。	• 地域で利用可能な支援について学ぶ。 • 対応困難な行動への解決方法について情報交換する。 • 認知症の知識や研究などについて学ぶ。

出所：[Alzheimer's Association St. Louis Chapter 2008a] に基づき筆者作成。

　"自分たちは孤立しているわけではない"ということを知ることです。（中略）支援は存在します。そして，地域のサポートグループは，その支援を見つけるための最も効果的な方法の1つです。　　[Southeast Missourian 1992]

　サポートグループの意味として，ウィリアムズらは，"教育"と"コントロールの感覚"に言及している [Williams and Barton 2003：82]。サポートグループは，認知症についての学習の機会である。グループへの参加者は，認知症の過程などの知識を深めることができる。そのことにより，将来の見通しをもって生活をコントロールできる，という感覚をもつことができる。さらにウィリアムズらは，次のように情緒的要素を指摘している。

　　サポートグループは，介護者にとって，頼みの綱（life line）です。そこでは，罪の意識をもたずに，自分の感情を表現できます。仲間たちから，肯定的強化（positive reinforcement）を得ることができます。

[Williams and Barton 2003]

　このように，サポートグループの活動の中核には，情緒的なニーズを満たすという特質がある。お互いの思いや悩みを伝え合い，楽しい時間を過ごすという側面である。それは，次にとりあげる教育プログラムにもみられる。
　この側面の重視は，セルフヘルプグループ活動に関する次のような見方とも

重なる。すなわち,セルフヘルプグループの活動に関して,仲間同士による人格的な参加や感情・心理的側面を重視する見方である［岩田 1994：42；久保 2004：14-18］。

アルツハイマー協会支部の活動を全般的にみても,同様の特徴がみられる。多様な活動形態を広げつつも,仲間同士の支え合いという要素を保持し続けている。

2 家族介護者を対象とする教育プログラム[3]

［1］教育プログラムの誕生と多様化
■ 教育プログラムのはじまり

1980年にセントルイス支部ができてからの数年間,活動の柱の1つは,教育プログラムであった。それは毎月,比較的多くの人数の人たちに対して,講義形式で行われた。参加者は,認知症ケアに関わる家族や専門家だった。内容は,必ずしも日常の介護に直接役立つ具体的な内容ではなかった[4]。

そのため,専門家や家族がボランティアで集まり,家族介護者への教育について再検討を行った。その際に関わった専門家は,老年心理学者,看護師,法律家など,多様な分野の人々だった。無報酬で,"専門職ボランティア（Professional Volunteers）"として協力がなされた。その結果,1987年に新しい教育プログラムがかたちづくられた。10数人程度の小人数で,お互いに意見交換もしやすい形式だった。

新しい教育プログラムは,1987年春から3年間,ルーテル財団からの助成を得て,本格的に実施された。それは,"対処方法の教育プログラム（How to Cope Program）"という名称で行われた。その際,専門職ボランティアたちも関わって,教育者用マニュアルが作成された。週2時間の授業を4週間行うかたちだった。同一内容の教育プログラムが,1991年までに47回行われた。

2 プログラムの継続と多様化

"対処方法の教育プログラム"の内容は、その後も、かたちを変えて受け継がれている。次の(i)～(iii)は、セントルイス支部で2002年後半に行われた教育プログラムの一部である。この3種類のプログラムは、"対処方法の教育プログラム"の内容とほぼ重なる。なお、(i)と(iii)は、認知症の人本人の受講も勧められている。

(i) 記憶障害を理解する

記憶障害や認知症全般について、概観する。研究、治療、診断などの情報を交えつつ学習する。最も基礎的なプログラム。

(ii) 変化とともに生きる:記憶障害をもつ家族のケア

自宅での認知症介護についての知識を広げる。認知症の人本人の強さ、本人の自立性の維持、コミュニケーション、日常で生じる問題の解決法、介護者自身の時間をもつ方法を学ぶ。

(iii) 将来を考える:法的・財政的な計画をたてる

法的な、あるいは財産に関わる計画を早めに立てたりすることなどを学ぶ。

ただし、プログラムの実施方法には、変化がみられる。"対処方法の教育プログラム"は、4回で完結する形式であった。2002年後半の教育プログラムは、(i)、(ii)、(iii)のそれぞれが、1回ごとに完結している。この変化の理由として考えられるのは、1回で完結するほうが家族介護者には受講しやすい、という点である。4回という回数でも、続けて受講するのは家族介護者にはむずかしい場合がある。

また、2002年時点では、さらに、次の3つの教育プログラムが加わっている。さまざまなニーズに合わせて、教育内容の多様化が図られていることがわかる。

(iv) 将来のケアの選択肢を理解する

在宅サービスから入所施設まで、利用可能なケアの種類、サービス費用の支払い、サービスの選択方法などを学ぶ。(i)と(ii)の受講を前提とする。

(v) 重度の認知症の人のケア

認知症が進んだ段階に関わる次の点について学ぶ。身体的・心理的ニーズと

ケア，終末期の倫理的選択・支援などである。認知症がかなり進行した人の家族の受講を想定している。

(vi) 新たな課題に向き合う：自分自身の記憶障害と共に生きる

記憶障害のある人本人の受講を想定している。本人と家族一緒の受講も勧められている。学習内容は，次の事柄を含む。自分自身の強さを形成する。家族に自分の希望を伝える。ユーモアをもって自分の課題に向き合い，肯定的な思考ができるようにする。(vi)の前に(i)を受講することが勧められている。

3 プログラムの開催方法の工夫

(i)〜(vi)の各プログラムはすべて，受講時間は2時間で，1回で終了する。同じプログラムが数回ずつ，さまざまな場所で行われる。そのなかから，参加しやすい回を選んで受講できる。支部の事務所から離れた場所に住んでいる場合でも，受講しやすく工夫されている。

教育プログラムの開催場所には，セントルイス支部の事務所も含まれている。2002年後半の各プログラムの開催回数を，図表6-2に示した。セントルイス支部の事務所での開催は，(i)，(ii)，(iv)，(v)ではそれぞれ1回のみである。が，(iii)

図表6-2　教育プログラムの開催回数（セントルイス支部，2002年7〜12月）

教育プログラムの名称	支部事務所での開催	支部事務所以外での開催	開催回数の合計
(i) 記憶障害を理解する	1回	9回	10回
(ii) 変化とともに生きる：記憶障害をもつ家族のケア	1回	3回	4回
(iii) 将来を見通す：法的・財政的な計画をたてる	3回	3回	6回
(iv) 将来のケアの選択肢を理解する	1回	1回	2回
(v) 重度の認知症の人のケア	1回	0回	1回
(vi) 新しい課題に向き合う：自分自身の記憶障害と共に生きる	2回	1回	3回

出所：[Alzheimer's Association St. Louis Chapter 2002] に基づき筆者作成。

は3回,(vi)は2回と,支部の事務所での開催が多い。これは,(iii)と(vi)が特殊な内容を含むことによるのかもしれない。(iii)は,法的・財政的な計画の作成を扱っている。(vi)は,認知症の人本人の受講を想定したプログラムである。

受講料についての記述は,2002年後半の教育プログラムの案内にはない。が,2003年後半の教育プログラムの案内によれば,各プログラムの受講料は,10ドルである[5]。その案内では,次のような説明がなされている。10ドルの受講料は,教育プログラムの運営費用の一部分をまかなえるにすぎない。けれども,少しでも長くプログラムが維持できるように,有料としている。

[2] 教育プログラムの充実

2011年のプログラムのなかには,2002年の(i)〜(vi)に対応すると考えられるプログラムがみられる。それを図表6-3に示す。これらのうち,(i)の開催回数が15回と,とくに多い。(i)は,最も基礎的なプログラムである。なお,この2011年時点では,ほとんどのプログラムの参加費は無料である。(iv)が10ドルかかるほかは,無料のようだ。

これらのうち,(ii)と(iv)は,認知症の人が同伴しないことを前提としている。このような場合,ヘルプラインに電話し,コンパニオン・サービスの利用を相談できる。コンパニオン・サービスは,プログラムに参加する間,認知症の人を見ていてくれるサービスであろう。

逆に,(i)と(vi)は,家族と認知症の人が一緒に参加することが,勧められている。(vi)の教育内容には,次の内容が含まれる。脳の体操。社会的な関わり。脳の健康によい食事。

また,教育上の工夫として,"電話による受講(Telephone Conferences)"がある。この場合,受講する人には,通話料無料の電話番号が知らされ,テキストが郵送される。(iii)と(vi)で,それぞれ1回ずつ,この"電話による受講"の方法がとられている("支部事務所以外での開催"の回数に含めている)。

さらに,(i)〜(vi)のほかに,いくつかのプログラムが実施されている。プログラムのタイトルと開催回数を以下にあげる。これらのうち,「つながりをつく

第6章 教育プログラムとサポートグループ

図表6-3 教育プログラムの開催回数（セントルイス支部，2011年1～6月）

教育プログラムの名称	支部事務所での開催	支部事務所以外での開催	開催回数の合計
(i) 記憶障害・認知症の基礎	4回	11回	15回
(ii) 行動を理解し，コミュニケーションを改善する	1回	4回	5回
(iii) 将来を考える：法的・財政的な計画をたてる	0回	4回	4回
(iv) 介護ニーズに備えて計画する：選択肢を知る	1回	0回	1回
(v) 私が見ている世界を理解して：終末ケアの質を高める	0回	0回	0回
(vi) 自分の脳をトレーニングする	0回	2回	3回

注：(v)は1回の実施の計画があったが，何らかの理由で中止されている。
出所：[Alzheimer's Association St. Louis Chapter 2011b]に基づき筆者作成。

る」と「10のサインを知る」は，家族と認知症の人が一緒に参加することが，勧められている。10のサインとは，認知症の早期発見のために全国本部がつくった10項目のリストである。認知症である可能性を示す兆候を10項目にまとめたものである。

① つながりをつくる（6回）
② 10のサインを知る（認知症の早期発見など。3回）
③ 自宅での安全性（4回）
④ 介護者のストレス（4回）
⑤ "家庭"をつくる（パーソンセンタードケアに基づく実践方法など。3回）
⑥ 認知症介護の方法（日常的ケアの方法など。2回）
⑦ 入浴と衣服着脱（2回）
⑧ 食事（1回）
⑨ 活動（認知症の人の活動を確保する方法など。1回）

これらを含めて2002年と2011年の時点を比べると，プログラムの種類と回数が増えている。なお，「つながりをつくる（Getting Connected）」は，6回とも

支部事務所で行われている。アルツハイマー協会の活動の概要を学び，支部事務所の見学などを行うものである。「自宅での安全性」は，在宅サービス従事者（ホームヘルパーなど）の受講も想定されている。

なお，軽度の認知症の人本人を主な対象とする，新たなプログラムも行われている。"大人のための教育プログラム（Adult Education）"である。これは，継続的に10回実施される。音楽鑑賞，芸術，写真，世界旅行，演劇といったテーマのなかから，クラスを選ぶかたちである。このプログラムには参加費用がかかり，10回分で120ドルである。

このプログラムでは，認知症の人のできないところではなく，できるところに注目している。また，生活上の肯定的側面（positive aspects of life）に焦点を合わせている。そして，次の点がめざされている。本人の脳の働きに刺激を与える。人とふれあう機会をもつ。目的意識や尊厳をもった暮らしに役立てる。

［3］不定期に開催されるプログラム

定常的な教育プログラムとは別に，不定期の研修の機会も設けらている。たとえば，次のような会がある。

（ⅰ）南東ミズーリ・ケア研修会

2009年4月24日の午前9時から午後3時まで行われた。家族介護者とサービス従事者の双方を対象とする会合である。参加費は無料で，朝食と昼食も提供された。内容は，次のようなものを含んでいた。ストレスの管理，自宅でできるアクティビティ，ホスピス，行動上の問題とコミュニケーション，などである。地元のワシントン大学医学部の，アルツハイマー研究センターの研究員による，基調講演も行われた。

（ⅱ）介護者研修会

セントルイス支部の主催で，2009年5月28日の夕方に行われた。この会は，劇の上演も含むものだった。家族介護者が日常的に出会う問題を描いた劇である。会の運営には，ボランティアの人たちが，"裏方"として手伝っている。参加申し込み，受付，懇親会，後片付けなどの手伝いである。

以上の(i)と(ii)を比較すると，"楽しさ"と"学習"のバランスに違いがある。前者は教育的な要素が強いが，後者は"楽しみや癒し"という要素も多く含んでいる。次の会にも，"楽しさ"の側面が含まれている。

(iii) 介護者懇談会

この会は，2009年5月22日の午前9時から午後2時半まで，セントルイス市内で開催された。家族介護者向けの1日の会である。アルツハイマー協会と地域高齢者事務所（Area Agency on Aging）の共催である。会場は，クレイトン公園に隣接した高齢者向け施設の会議室である。公園の美しい景色にふれながら，楽しい講演，肩のマッサージ，昼食などで1日を過ごす。教育や情報提供の側面と，家族介護者の心を癒すという側面をあわせもつ会である。

3 サービス従事者を対象とする教育プログラム

次に，サービス従事者を対象とする教育プログラムを検討する。その例として，セントルイス支部におけるプログラムをみてゆく。

[1] 教育プログラムの多様な広がり[6]

以下に示すのは，セントルイス支部において，2011年前半に実施されている教育プログラムである。

プログラムの内容に関して，サービス分野が限定されている場合もある。たとえば，デイサービスの従事者のみを想定した内容の場合もある。以下，❶サービス分野が限定されていない場合と，❷限定されている場合に区分して示す。

以下に示す(i)〜(ix)のプログラムのうち，(i)のウェブセミナー（2部構成）を除き，すべて1回で終了するものである。参加費に関して，"1事業所あたり"の費用が設定されている場合，その事業所から何人でも参加できる。

また，(v)の「教育者の訓練」のプログラム内容については，「**[2]**『教育者の訓練』プログラム」で検討する。なお，(ii)と(vii)にある「ライフストーリー」は，(v)のプログラム内にも含まれている。それについても**[2]**でふれることにする。

1 サービス分野が限定されていないプログラム

　はじめに，プログラムのテーマが，どちらかというと一般的なものを3つ示す。(i)が最も一般的な内容である。

　(i) 認知症を理解する：質の高いケアのための基礎

　施設の介護職員やホームヘルパーなどを対象とする。次の内容を含む。認知症の理解。コミュニケーションの方法。対応困難な行動への対処法。日常生活活動（ADL）に関わる支援。家族に関わる問題。（開催時間帯：8時半～12時。参加費：50ドル）

　なお，同じタイトルで，インターネットを通したウェブセミナーも開催されている。ウェブセミナーの場合，2部構成となっている。1部あたり90分間（10時～11時半）で，1部あたりの参加費は99ドルである。このテーマのウェブセミナーは，セントルイス支部の事務所に来て見ることもできる。

　(ii) 対応困難な行動：大きな誤解

　対応困難な行動がなぜ起きるかや，どう対処するかについて学ぶ。痛み，食事，入浴，排泄，不眠などに関わる問題に焦点をあてる。「ライフストーリー」の技法の活用法も学ぶ。（開催時間帯：8時半～12時半。参加費：1人25ドルまたは1事業所あたり100ドル）

　(iii) 私が見ている世界を理解して：終末ケアの質を高める

　サービス従事者のほか，家族介護者をも対象とする。後期あるいは終末期の認知症ケアについて学ぶ。キットウッドのパーソンセンタードケアの考え方に沿って考える。（開催時間帯：8時～16時）

　これらの(i)～(iii)のうち，(iii)で，キットウッドのパーソンセンタードケアがとりあげられている点も興味深い。パーソンセンタードケアは，(vii)でもとりあげ

第6章　教育プログラムとサポートグループ

られている。

　次に，比較的特殊なテーマのプログラムを示す。(v)の「教育者の訓練」は，教育内容じたいは(i)と類似している。が，"介護者を教育する人"を教育する，という特殊な目的をもつ。

　(iv) 親密性とセクシュアリティ：認知症の人の場合

　ミズーリ看護連盟によるプログラム。認知症の人の尊厳を保ちつつ，性に関わるニーズにどう支援するか，について学ぶ。（開催時間帯：9時〜15時45分。参加費：ミズーリ看護連盟会員は125ドル，非会員は160ドル）

　(v) 教育者の訓練：積極的な介護者を育てる

　サービス事業所で，介護者を教育する立場にある人を対象とする。自分が勤める事業所の職員に教育する方法を学ぶ。内容は，次のことを含む。認知症の理解。コミュニケーション方法。対応困難な行動への対処方法。環境の調整。日々のアクティビティ。（開催時間帯：8時半〜15時。参加費：200ドル）

2 サービス分野が限定されたプログラム

　サービス分野が限定されたプログラムとして，在宅サービスと施設サービスに分けてプログラムを紹介する。在宅サービス従事者に限定されたプログラムとしては，ホームヘルパーなどを対象としたものと，デイサービスの従事者を対象としたものがみられる。

　(vi) 自宅での安全性

　ホームヘルパーなどを対象とする。在宅生活の安全性に関わる次のような内容をとりあげる。転倒，環境面の安全性（火，有毒物質，とがったもの，銃など），車の運転，徘徊，興奮状態。（開催時間帯：13時半〜16時半）

　このプログラムは，インターネットを通したウェブセミナーでも開催されている。（ウェブセミナーの場合の開催時間帯は13時半〜15時。参加費は99ドル）

　(vii) デイサービス：パーソンセンタードケアに即したプログラムづくり

　デイサービス従事者を対象にしている。テーマは，認知症の人とその家族のニーズに合わせたプログラムをどうつくるか，である。とくに，アクティビテ

ィや食事の時間に焦点を合わせる。「ライフストーリー」の技法の活用法も学ぶ。(開催時間帯：8時半～11時半。参加費：事業所ごとに99ドル)

次に，施設や病院におけるサービスを想定したプログラムを示す。(viii)はセントルイス支部以外でつくられた，全国レベルの教育プログラムだと思われる。それに対して，(ix)は，セントルイス支部でつくられたプログラムである。

(viii) 文化を変えるためのツール（CMSウェブセミナー）

施設職員を対象とする。高齢者ケア施設における，ケアの文化の変容のためのアセスメント・ツールの使い方を学ぶ[7]。このツールは，アメリカ国内のCMS（メディケア・メディケイド・サービスセンター）という機関が開発したものである。なお，ここでいう文化の変容とは，施設で働く職員の介護方法や態度，職場環境などのいわば「ケアの文化」を変えることを意味していると考えられる。

ウェブセミナーは，インターネットを通して行われる教育プログラムである。会場を用意して，それを一緒に見て，その後一緒に話し合う，という仕組みをとっている。(開催時間帯：9時半～12時。参加費：無料)

(ix) 認知症にやさしい病院

病院の職員や，病院でボランティアを行う人を主な対象とする。とくに，急性期の病院で，病院の職員などが，認知症の人にどう対応したらいいかを学ぶ。このプログラムは，家族介護者の声に促されて，セントルイス支部とワシントン大学アルツハイマー病研究センターとの共同で開発されたものである。(開催時間：8時～15時45分。参加費：無料)

(viii)と(ix)のどちらも興味深いが，とくに，(ix)の対象は，認知症ケアを主たる目的としない医療機関のスタッフである。これまで必ずしも十分に注目されてこなかったが，重要なテーマである。支部レベルにおける先駆的なプログラム開発の1例と評価できる。

(viii)のように，インターネットを通して行われる教育プログラムは，全国共通のものが多いと思われる。そのプログラムの形成と運営には，全国本部が重要な役割を果たしていよう。

[2]「教育者の訓練」プログラム (Train the Trainer)

　上記の(i)～(ix)のうち，(v)の「教育者の訓練」は，サービス従事者のうちで，指導的な立場に立つ人を対象としている。サービス従事者の質を高めるため，事業所内で職員を訓練する役割をもつ人々である。その概要を次に検討する。

　以下のまとめは，2003年4月に実施されたプログラムで配布されたテキストに基づく [Missouri Coalition of Alzheimer's Association Chapters 2003]。なお，このプログラムは，ミズーリ州での支援に関わる4つのアルツハイマー協会支部が共同で開発したものである[8]。

■ プログラムの構成

　このプログラムには，8種類の教育内容が含まれる。この教育内容の全体を，わかりやすく説明するにあたり，住宅の比喩を使うことを勧めている。レンガ造りの2階建ての住宅の絵が，テキストのなかに掲載されている。事業所の職員が8種類の内容を学習することは，住宅を建築することにたとえることができる。8項目と住宅の部分との対応，教育内容をまとめると，次のようになる。

(1) 認知症の理解

　家を建てる際に最初につくる「基礎」部分にたとえられる。「基礎」部分は，家を建てる際に最初につくる重要な部分である。認知症全般に関する知識も，最初に知るべき知識である。

(2) アルツハイマー病の理解

　住宅の「レンガ」にたとえられる。アルツハイマー病の原因や治療，進行段階，脳の構造の変化など。脳がどう変化するかを，脳の部位の理解も含めて具体的に学ぶ。この理解に基づくことで，その他の内容が適切に理解される。

(3) コミュニケーション

　住宅の「階段」にたとえられる。階段は，1歩ずつ上っていくことの比喩でもある。認知症の人のコミュニケーション上の困難や，目や耳，心を使ったコミュニケーション方法。コミュニケーションの方法を学ぶことで，認知症の人との関係，あるいはパートナーシップの形成へと進んでゆくことができる。

(4) 行動の理解

住宅の「煙突」にたとえられる。対応困難な行動の理解と対処方法。対応困難な行動を理解するうえで，PLSTモデルが紹介されている[9]。このモデルは，ストレスが高まり限界を超えることで，対応困難な行動が生じるとする。ストレスが高まり炎となって燃え上がることがないように，ストレスを少なくする支援を考える。

(5) ADLと環境

住宅の「環境（内装・外構）」にたとえられる。社会的環境と物理的環境の理解，環境の調整（例：静かな環境にする），徘徊とそれへの対応。

(6) 楽しさを加える

住宅の「中心（heart of home）」にたとえられる。活動（activity）は生活の中心である，という理解に基づく。認知症の人に楽しさと意味をもたらす活動の確保。活動のカテゴリーを次のように示している。家事・日課，身体的活動，音楽，感覚刺激，社会的活動，回想，精神的活動，創造的活動，動植物，知的活動。認知症の人が楽しめる101種類の活動リストが掲載されている。

(7) 家族とのパートナーシップ

住宅の中に住む「人々（people）」にたとえられる。認知症の進行段階ごとに家族が経験すること（悩み・心配など），職員と家族のパートナーシップの形成。職員が家族の気持ちを理解し共感することを通して，家族の肯定的感情が強まり，職員と家族の関係が深まる。

(8) 教育方法を楽しいものにする

住宅の「屋根」にたとえられる。教育プログラムのなかで行える簡単なゲームやクイズなど。それらを行うことで学ぶことが楽しくなり，学習内容の理解が深まる。5分から30分程度でできるゲームなどの例が紹介されている。"楽しさ"と"学習効果"をあわせもつゲームなどは，学習体験に安心感と確実性をもたらす。そのことが，家をしっかりと守る「屋根」にたとえられている。

以上の「教育者の訓練」プログラムでは，午前中に，(1)～(4)の内容の教育が行われる。午後に(5)～(8)の内容の教育が行われる。講師としては，2003年4月

に実施されたプログラムでは、(1)と(2)は、地元の大学に勤務する看護師1人が担当した。そのほかの学習内容は、セントルイス支部の専任スタッフ2人が担当した。参加者は約20名ほどであった。

　前述したとおり、このプログラムの参加者は、「教え方」を学習する。参加者たちは、自分の勤める事業所に帰ってから、事業所の職員を対象に教育を行う。その場合、上記の(1)～(7)の各項目を、それぞれ30分から1時間程度で教えることが可能である。(8)で紹介されているゲームなどは、(1)～(7)の各項目を教える際に、行うことができるものである。

　「教育者の訓練」プログラムの配布テキストには、(1)～(7)の項目別に、職場で職員教育を行う際に役に立つ資料が、綴じられている。テキストはバインダー形式である。そのため、支部の専任スタッフが、資料の内容を柔軟に変える余地があると思われる。

2 教育に"楽しさ"を加える

　テキストの「(8) 教育方法を楽しいものにする」で紹介されているゲームのなかに、"ABCエクササイズ"がある。5分から10分程度で行うゲームである。それは、次のような順序で行う。

① 参加者をいくつかのチームに分ける（1チーム3，4人以上）。各チームで、記録係（リーダー）を決める。各チームの記録係に、ABCの用紙を配る（1枚の紙に、AからZまでのアルファベットが書いてある）。

② 進行役が"スタート"と言ったら、それぞれのアルファベットを頭文字とする言葉を、チームのなかで考え、ABCの用紙に書き込む。書ける言葉は、自分たちの近くにあるものだけである。たとえば、参加者が着ている上着にジッパー（Zipper）がついていたら、Zのところに書き込む。進行役は3分後に"ストップ"という。

③ 最も多い言葉を書いたチームが勝ちとなる。みんなで拍手をし、商品を渡す（たとえば、キャンディやガム）。

　このゲームの学習目標は、次のように示されている。「認知症の利用者をチ

ームでケアする能力を高めること。」また，次のような解説が添えられている。このゲームは，昼食の後の"目覚まし"にちょうどよい。3分間の作業に集中できたなら，他のテーマでも，みんなで考えを出し合うブレーンストーミングがうまくできるはずである。このゲームの後，認知症ケアの事例についてチームで解決法を検討するという作業に取り組んでもよい。

　また，鏡を使った学習体験（ミラー・エクササイズ）も示されている。10分間ほどの体験である。

- それぞれの参加者に，鏡とペンを配る。参加者は，右手にペン，左手に鏡を持つ。鏡は肩よりも少し高く上げて，ペンと紙が鏡に映るようにする。
- 参加者は，ペンと紙を直接見ず，鏡を通して見るようにする。鏡で見ながら，紙に家の絵を書く。家の絵が書き終わったら，やはり鏡を見ながら，自分の名前を書く。
- この体験をして，どう感じたかを話し合う。また，このようにして1日を過ごすことについて，少しのあいだ各自が想像してみる。

　この学習体験の目標は，次のように示されている。「認知症の人がどのように日々を過ごしているのか，注意を向けられるようにする。また，どうして"いらいら"したり，恐怖を感じたり，たくさんの間違いをしたりするのかに，注意を向けられるようにする。」

　この体験は，認知症の人の体験そのものとはいえない。けれども，認知症の人が日頃感じる生活感覚やコミュニケーションの困難に近いものを体験する，という意味があるだろう。印象に残る学習体験ではないだろうか。

3　ライフストーリー

「(4) 行動の理解」では，ライフストーリーという技法も紹介されている。前述したように，このライフストーリーは，「教育者の訓練」プログラム以外の教育プログラム(ⅱ)，(ⅶ)の内容にも含まれている。

　ライフストーリーは，認知症の人のことについて詳しく知るための方法である。その人の人生について詳しく聴きとり，記録を作るという方法である。そ

の具体的な手法は，さまざまでありうる（Moos and Björn 2006）。「教育者の訓練」のテキストに示されているのは，その人のことについての情報を得る際の，質問項目である。その項目には，子ども時代，学校，仕事，家族などのほか，たとえば次のようなものが含まれる。
- ニックネーム
- 今まで住んだ場所，旅行に行った場所や思い出の場所
- 結婚式はどんなものだったか（ハネムーンなども）
- 自分の飼っていたペット
- これまでしていた趣味やレクリエーション
- 好きなもの（色，食べ物，花，人，本，映画，映画スター，宝物）
- いらいらした時の気分転換の方法

テキストでは，ライフストーリーについて次のような留意点が添えられている。ライフストーリーの質問項目は，たとえば認知症の人が高齢者施設に入所する際に活用できる。本人のほか，家族，友だち，近所の人などから協力を得てもよい。聴き手としては，ボランティアに頼んで聴いてもらってもよい。電話を通して聴くこともできる。

ライフストーリーの記録は，すべてのスタッフが読めるようにしておく。むしろ，スタッフが必ず読むようにしたらよい。記録のほか，写真やビデオなどを加えてもよい。これにより，スタッフは，利用者との絆を育むことができる。

4 日本への示唆

[1] 本章のまとめ

本章でも，第5章に続き，アルツハイマー協会支部における実践を中心に検討を行った。その概要をまとめると，次のようになる。
○アルツハイマー協会支部が行っている主な介護者支援の例として，サポート

グループと教育プログラムがある。
○サポートグループの主な参加者は家族介護者だが、認知症の人が参加するグループもある。それぞれのサポートグループには、進行役であるファシリテーターがいる。ファシリテーターになるための訓練は、支部の専任スタッフによって実施される。
○教育プログラムには、家族介護者向けとサービス従事者向けがある。認知症の人が参加できるプログラムもある。サービス従事者向けのプログラムのなかには、職場で職員教育に関わる人を対象とした、教育方法についての教育プログラムもある。

［２］日本の介護者支援への示唆

　家族介護者向けの教育プログラムとサポートグループの活動上の工夫には、両者に共通する点がいくつか含まれている。

❶ "持続" と "挑戦"

　家族教育プログラムに関して、セントルイス支部では、"対処方法の教育プログラム（How to Cope Program）" という中核的なプログラムがつくられた。その後もこれに対応する教育プログラムが形態を変えつつ続けられている。その一方で、さまざまな教育ニーズに合わせた特殊なプログラムも実施されている。

　サポートグループの基本は、参加を希望する家族介護者が自由にそのグループに参加して行うかたちである。その一方、数は少ないが特殊なサポートグループもつくられ、支部の事務所を主な開催場所として実施されている。

　中核となる活動形態を大切に持続しつつ、その一方で、新しい特殊なプログラムをかたちづくる挑戦も行う。"持続" と "挑戦" の両面により、プログラムがより豊かなものとなっていく。

2 参加へのバリアの克服

　地理的な問題で活動に参加しにくいなどの，参加への壁（バリア）になるものを克服する工夫も，なされている。具体的には，次のような工夫である。
- 教育プログラムの多くは，複数回，さまざまな地域で行われる。サポートグループも，地域ごとに複数のグループが実施されている。
- 電話やインターネットなどが，積極的に活用されつつある。
- 教育プログラムの多くは，１回の受講で完結する。
- 家族教育プログラムの多くが，無料となっている。
- 認知症の人の同伴がむずかしいプログラムへの参加の際，見守りのサービスが得られるよう配慮がなされる。

　これらの工夫は，時間をかけて試行錯誤しつつ，実行されている。

3 "楽しさ"と"学習"のバランス

　学習ニーズの充足という目的は，教育プログラムとサポートグループの両者に共通する。すなわち，家族介護者が必要な知識や情報を得たり，介護のための対処能力を高めたりするという側面である。他方，お互いの思いを述べ合い，感情を発散させるといった情緒的な側面も重要である。情緒的な側面は，楽しさを味わうという面や，介護のつらさを共感し合うなど，多面的なものであろう。

　セントルイス支部が創設された当初には，比較的多くの人数で毎月の定例会が行われていた。その後につくられた教育プログラムは，比較的小規模な人数で実施されるようになった。これには，小規模だと参加者の感情を表現する機会を設けやすい，という理由が背景にあったと考えられる。

　学習的要素と情緒的要素，両方のバランスを考えつつ，プログラムを組み立ててゆくこと。"楽しさ"を真剣に追求することは，プログラムの成功の鍵のように思える。

　1）　以下の「[１] サポートグループの概要」と「[３] 不定期に開催されるプログラム」

のまとめは，他の引用注がない限り，セントルイス支部のホームページにある説明に基づく［Alzheimer's Association St. Louis Chapter 2008a；2011a］。

2）［Williams and Barton 2003］による。Delaware Valley 支部の事務所はフィラデルフィアにあるが，ペンシルベニア州南西部，ニュージャージー州南部，デラウエア州を対象として支援を行っている。

3）以下の「家族介護者を対象とする教育プログラム」のまとめは，他の引用注がない限り，セントルイス支部の教育プログラムの2002年後半と2003年後半のパンフレット，2008～2011年のホームページでの説明に基づく［Alzheimer's Association St. Louis Chapter 2002；2003b；2008b；2009a；2011b］を参照している。(i)～(vi)の番号は，筆者が便宜的に付したものである。

4）この段落と次の2つの段落のまとめは，［Steffen et al. 1999］に基づく。

5）なお2008年に支部のホームページを参照したところ，(ii)は受講料が無料となっていた［Alzheimer's Association St. Louis Chapter 2008b］。

6）以下の「教育プログラムの多様な広がり」のまとめは，［Alzheimer's Association St. Louis Chapter 2011b］に基づく。ただし，インターネットのみでの実施の場合は省く。開催日や開催場所は省略する。なお，参加費が不明な場合がある。教育プログラムの分類は筆者による。

7）このツールは，次のホームページより入手可能である（2011年5月11日確認）。
http://paculturechangecoalition.org/resources/cc_artifacts_tool.pdf

8）4つの支部は，セントルイス支部，ハート・オブ・アメリカ支部，ミズーリ中部支部，ミズーリ南西支部である。ハート・オブ・アメリカ支部（Heart of America Chapter）は，カンザス州東部とミズーリ州北西部での支援に関わる。ミズーリ中部支部（Mid-Missouri Chapter）は，ミズーリ州中央部から北部での支援に関わる。ミズーリ南西支部（Southwest Missouri Chapter）は，ミズーリ州南西部での支援に関わる。

9）PLST は Progressivrely Lowered Stress Threshold の略である。ストレス閾値漸減モデルと訳される［出貝・勝野 2007］。

終 章

介護者支援の鍵は何か

生きるということは何よりも先ず活動することであり，金銭の勘定はせずに活動の歓びのために活動することである。
　　——エミル・デュルケーム[1]——

1 「活動」が鍵である

[1] 楽しさを伴う活動
　認知症の人は，ケアを受ける存在である。介護者は，ケアを提供する存在である。けれども，両者には共通性がある。認知症の人も介護者も，"ひとりの人間"である。時間の流れのなかで，行動を行っていく存在である。外から見える活動も，行動である。心の中の感情や思考も，行動である。

　認知症の人も介護者も，"行動の連鎖"のなかにいる人間である。このような視点のもとで，介護者支援を考えてゆくことができる。"行動の連鎖"のなかで着目しうるのは，"活動"である。高齢者ケアで"活動"といえば，施設で行われるレクリエーションやアクティビティが思い浮かぶ。しかし，ここでいう"活動"の意味内容は，はるかに広い。外から見える人間の行動のすべてともいえる。

　「活動」は「感情」に影響を与える。「楽しさを伴う活動」は，肯定的感情を生じさせる活動である。ここでいう"楽しさ"の意味も広い。心がおだやかになることも，幸せだと思うことも，含まれる。

　「生活の質」（クオリティ・オブ・ライフ；QOL）という言葉は，多様な意味を含んでいる。たとえば，身体的な健康，心の健康，社会生活の充実，といった要素を含む［Kwasky et al. 2010：187］。「生活の質」を高めるにはどうするか。その鍵の1つとして考えられるのは，やはり「活動」である。「楽しさを伴う活動」は，それを行う人の身体面，心理面，そして社会的側面に，肯定的な影響を与えうる。

[2] 認知症の人と「活動」
　趣味の活動やボランティア活動といった社会的活動とともに，テレビを見るなどの非社会的活動も，「活動」には含まれる。認知症の人自身の活動を考え

る場合にはとくに，非社会的で受動的な活動をも含めて，みてゆくことが重要となる。もちろん，認知症の人に経験可能な「社会的活動」は何かを考えることも，忘れるべきではない。しかし，社会的活動ができないからといって，認知症の人が"人間"としての資格を失うわけではない。

認知症の進行プロセスの最終局面には，「まばたきをする」といった活動が，認知症の人に残された大切な活動となる場合もある。「見る」「聴く」などの受動的な活動も，一種の活動である。介護者がほほえみかけるのを，認知症の人が「見る」こと──介護者の笑顔を見ること──が，認知症の人にとって"楽しさを伴う活動"でありうる。

認知症の人の生活の中で，「楽しさを伴う活動」が増えることは，認知症の人に肯定的な影響をもたらす。いらいらなどの感情が高まるのをおさえ，「対応困難な行動」を少なくする。その人にとっての「楽しさを伴う活動」を介護者が知っていれば，「楽しさを伴う活動」のほうへと方向づけることができる。

認知症の人の「生活の質」と介護者の「生活の質」は，"合わせ鏡"のようだといえるかもしれない。認知症の人の「生活の質」が高まることは，介護者の「生活の質」が高まることにもつながっている。その意味でも介護者は，認知症の人にとってケア提供者（ケア・ギバー）というよりも，ケア・パートナーと呼ぶのがふさわしい，と考えられる。

[3] 介護者と「活動」

介護者の日常生活の中に「楽しさを伴う活動」が増えることは，介護者の心身の健康を支えるものとなる。友だちと話したりショッピングを楽しんだりすることが当たり前にできることには，大きな意味がある。介護者が自分にとっての「楽しさを伴う活動」を増やすことは，必ずしも簡単なことではない。この点について，支援を必要とする介護者はいる。

介護者が「楽しさを伴う活動」を経験することに対して，心の中の「否定的思考」というバリアが，邪魔をすることがある。思考・活動・感情の悪循環のなかで，「楽しさを伴う活動」から遠ざかってしまう介護者もいる。支援の方

法の1つは，「楽しさを伴う活動」を自分で増やす"力"をつける教育である。思考・活動・感情がかたちづくる"らせん階段（スパイラル）"を下りていくのではなく，上にのぼってゆける"力"をつける支援である。

　もう1つの支援の方法は，活動の場を提供することである。介護者がサポートグループや教育プログラムに参加することは，介護者にさまざまな知識や能力をもたらす。それと同時に，そのなかでの参加者同士のやりとりは，参加する介護者の心にうるおいを与える。アルツハイマー協会の支部が行っている支援は，参加者の「楽しさを伴う活動」を増やす支援ともなっている。

［4］ロングターム・ケアからロングターム・リビングへ

　"活動"という概念は，社会的活動のみに限定されない広い意味をもつ。しかし，社会的活動も，依然として重要であることは確かである。アルツハイマー協会の活動には，自分たちの支部を手づくり感覚で育ててゆこう，という姿勢が感じられる。自分たちでコミュニティをつくってゆこう，という姿勢である。この場合の「コミュニティ」は，地域社会に限られない。"共同性をもった集団"という広い意味，"共同体"という意味である。

　"活動"という概念は，いわば2つの重心をもっている。1つは，本人の楽しさなどの個人内部の感情に結びつく側面である。もう1つは，人との絆をつくり，コミュニティ（共同体）の形成に結びつく側面である。活動のすべてが，コミュニティの形成に関わる，という必要はない。けれども，2つの重心が重なり合いながら活動がなされることも，意味がある。

　ブラデック（Vladeck）の次の言葉は，高齢者がコミュニティに何らかの貢献をなしうる存在だ，ということを主張している。ブラデックは，ニューヨークのペンサウス（Penn South）という場所で，NORC-SSPという高齢者支援プログラムに関わったソーシャルワーカーである。この言葉は，ブラデックが，その後ニューヨークの郊外地域での支援プログラムの形成に関わり始めた頃のものである。このなかの「高齢者」を，「介護者」に置き換えて読んでみても，意味は通じるのではないだろうか。

私たちは，議論の焦点を，"長期のケア（long-term care）"から，"長期の生活（long-term living）"へと移しました。これは，考え方を次のように変えることを意味します。つまり，年をとっていたり身体が弱くなっていたりしても，高齢者はコミュニティの中で果たしうる役割をもっている，という考え方です。そのことは単にサービスを追加することではなく，高齢者の"生活の質"を確保することにつながるものです。

　（中略）ここで取り組むべき重要な課題は，コミュニティにおける高齢者の役割を考えることです。どうすれば高齢者の方たちが価値ある貢献をし続けることができるかを考えることです。

　ペンサウスで私たちは，ふだんは部屋の中にずっといるような，車いすに乗った人々に話しました。——"このコミュニティを助け，この支援プログラムを助けるために，あなたにできる何かが，あるはずです。（中略）このコミュニティに，この社会に，あなたの果たす役割はあるのです。私たちの仕事は，あなたが自分の力（potential）を発揮するのを，助けることなのです。"
［Vladeck 2008］

　アルツハイマー協会の支部の活動について，もう1度，振り返ってみよう。アルツハイマー協会の専任スタッフの仕事もまた，介護者が"自分の力を発揮する"のを助けることだといえるだろう。現在介護している介護者を助けるだけではない。介護を終えた後も，介護者は，自分自身の体験を活かしてボランティアをしうる。もちろん，介護をしている途中でも，何らかのボランティアをすることもできる。アルツハイマー協会は，ボランティアが活躍するステージでもある。

2 | 「教育」が鍵である

[1] 介護者の自助を支える教育

　楽しさを伴う活動を増やす支援や，対応困難な行動に対処するための支援は，介護者の知識・能力を高める教育（＝学習）による支援である。"自助（self-help）"とは，だれからも助けを受けない，という意味ではない。自分で何かを行うためには，知識や能力，あるいは技術を必要とする。教育は，介護者の"自助"に役立つ支援である。

　ステッフェンらは，介護者の自己効力感の尺度をつくっている［Steffen et al. 2002］。自己効力感とは，"自分で何かを行う自信"である。ステッフェンらがつくった尺度の項目のなかには，さまざまな自信が含まれている。アサーティブな態度でまわりの人に助けを求めることのできる自信。自分の"いらいら"をコントロールする自信。認知症の人の対応困難な行動に対処する自信。これらが，介護者が身につけるべき"技術"であると，ステッフェンは考える。

　介護者の介護の一部を肩代わりする介護サービスは，介護者支援にとって非常に重要である。この点では，アメリカの制度よりも日本の介護保険のほうが，すばらしいといえるかもしれない。けれども，アメリカの介護者支援のなかにみられる，介護者の自助を支える教育的支援からは，学ぶべき点が多い。また，日本で同様の支援に取り組む人々を，勇気づけるものともなる。

[2] 教育における効果と負担

　第4章までにみた教育プログラムの多くは，研究者たちによる試行的プログラムであった。それに対し，第6章でみたアルツハイマー協会の教育プログラムは，研究のためではなく，端的に家族介護者を助けるためのものである。両者を比べると，実施の形態には違いがみられる。違いの1つは，"効果"と"負担"のバランスである。

教育プログラムの効果を高めるための工夫が，参加者や実施者の負担を増やすことにつながる場合がある。逆に，参加者の負担を軽減しようとすると，そのことがプログラムの教育効果を小さくしてしまう可能性がある。

　第4章までにみた教育プログラムでは，複数回での実施，何らかの課題，個別指導などの要素がみられた。1回で完結するプログラムよりも，複数回にわたって教育を進めるほうが，知識や技術の習得の度合いは高まるだろう。参加者に課題を課すことも，同様の効果がある。個別指導を行うことで，それぞれの介護者が遭遇した具体的な事例に沿った指導が可能となる。

　しかし，参加者にとって課題を行うことは負担であり，課題を出すことは支援者にとっても手間のかかることである。また，複数回にわたるプログラムや個別指導は，経済面を含む実施上のコストが大きい。

　第6章でみた，アルツハイマー協会の家族介護者向けの教育プログラムの多くは，1回で完結する。そのため，次回までの課題を出すことはできない。また，直接的に個別指導をすることは，想定されていないようである。

　現実の介護者支援においては，負担を少なくする工夫を図りつつ，教育効果を高めてゆく工夫も図ってゆく必要があろう。"効果"と"負担"の両立のための試行錯誤である。

［3］プログラムを手づくりする

　インターネットの普及は，アルツハイマー協会の活動のあり方にも影響を与えつつある。おそらく，全国本部の影響力は，強まっていくであろう。たとえば，インターネットを通した教育プログラムが多く行われるようになってきている。それにより，地理的な距離を超えて，全国本部がつくった教育プログラムを，多くの介護者に届けることができる[2]。

　けれども，支部における教育プログラムのすべてが，インターネットを通したものに変わるわけではない。たしかに，教育プログラムの第1の目標は，学習ニーズに対応することである。が，参加者同士が悩みを話し合ったり楽しい雰囲気を味わったりすることも，教育プログラムの大切な要素でありうる。情

緒的なニーズを十分に満たすことは，支部におけるプログラムでなければ，むずかしいであろう。

　支部が実施する教育プログラムでは，参加者が楽しい雰囲気を味わえるような工夫もなされている。少人数で話し合う時間をとったり，ドラマを一緒に見る時間を設けたりする工夫もみられる。教育プログラムへの参加じたいが，「楽しさを伴う活動」となりうる。そのことは，参加者の心理的負担を減らすとともに，教育効果を高めることにもつながる。

　また，全国本部ではまだ十分に取り組まれていないが，支部のレベルで介護者からキャッチするニーズもある。そのようなニーズに対応した例に，第6章でもふれている。その1つは，急性期の病院スタッフを対象とした教育プログラムである。そのプログラムは，支部のレベルで介護者が訴えたニーズに対応して，支部レベルでつくられたものであった。

　支部レベルでこのようなプログラムづくりができるためには，条件がある。たとえば，"専門職ボランティア"の協力を得ながらも，自前で教育プログラムをつくりあげる力量が，専任スタッフにあることが必要である。

　支部レベルでは，教育の"受け手"に合わせて，プログラムのあり方を柔軟に調整することが可能である。そのような"手づくり感"のあるプログラム作成を，洋服店がその人に合わせて服を"仕立てる"ことになぞらえて，"テーラー（tailor）"という言葉で表現することがある。受講者に合わせてプログラムを"仕立てる"余地があることが，支部レベルの活動の利点の1つである。

3 ｜ 「専任スタッフ＋ボランティア」が鍵である

[1] 自助を支える共助の仕組み

　市民生活を"自助・共助・公助のバランス"という観点からみる場合がある。何を公助とし，何を共助とするかは，必ずしも一定ではない。さしあたり，行

終章　介護者支援の鍵は何か

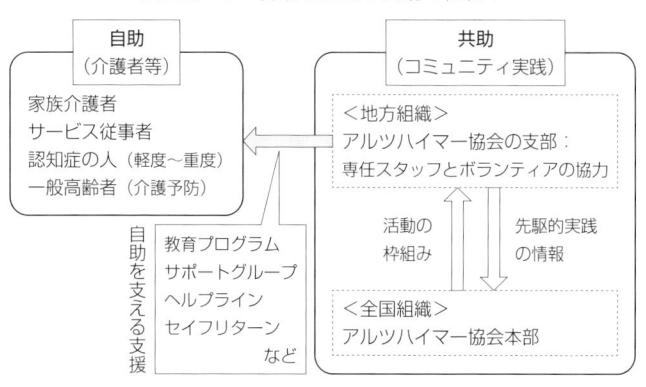

図表終-1　自助を支える共助の仕組み

```
┌─────────────────┐              ┌─────────────────────────┐
│      自助        │              │         共助             │
│   （介護者等）    │              │   （コミュニティ実践）    │
│                 │              │ ┌─────────────────────┐ │
│ 家族介護者       │              │ │ ＜地方組織＞          │ │
│ サービス従事者   │◀─────────────│ │ アルツハイマー協会の支部：│ │
│ 認知症の人(軽度〜重度)│          │ │ 専任スタッフとボランティアの協力│ │
│ 一般高齢者(介護予防)│            │ └─────────────────────┘ │
│                 │              │   ⇅ 活動の  先駆的実践    │
│                 │  教育プログラム │     枠組み  の情報       │
│        自        │ サポートグループ│ ┌─────────────────────┐ │
│        助        │  ヘルプライン  │ │ ＜全国組織＞          │ │
│        を        │ セイフリターン │ │ アルツハイマー協会本部  │ │
│        支        │     など     │ └─────────────────────┘ │
│        え        │              │                         │
│        る        │              │                         │
│        支        │              │                         │
│        援        │              │                         │
└─────────────────┘              └─────────────────────────┘
```

出所：筆者作成。

政は"公助"に含まれる，地域社会などでの助け合いは"共助"に含まれる，と理解できる。この観点は，行政によるサービスなど（公助）のみに頼ることは困難である，との考えを前提にしている。そして，家族などの自助や地域での助け合いなどの共助で補完していくべきだ，と考える。

アルツハイマー協会の支部の活動は，自助・共助・公助という区分のなかでは，"共助"に含まれると考えられる。その活動は，介護者の"自助"を支えるための"共助"という性格が強い。ただし，アルツハイマー協会は，介護者やボランティア同士の助け合いのみで成り立っているのではない。有給の専任スタッフが，ボランティアをコーディネートするなどの，重要な役割を果たしている（**図表終-1**）。

全国組織が，活動のノウハウや枠組みを提供しているという一面もある。たとえば，ヘルプラインやメモリーウォーク，セイフリターンなどは，アメリカ全国のアルツハイマー協会支部で行われる活動である。各地域での先駆的な活動は，全国本部の働きを通して，地域を越えて情報が共有されうる。地域を越えた全国的な情報交換は，本部と支部の専任スタッフによって，行われていると考えられる。

［２］共助の"要（かなめ）"としての専任スタッフ

　日本において，介護者支援はどのように行われているのだろうか。介護者支援は，共助とともに，行政などによる公助によっても行われる。共助，公助いずれにしても，次の２つのどちらかに偏りがちではないか。

　① ボランティアだけによる支援
　② 有給の専任スタッフだけによる支援

これらの２つは，両極端の理念型であり，現実の活動形態は，両者を結ぶ連続線上のどこかに位置づけられるとも考えられる。おおまかにいえば，共助は①に偏り，公助は②に偏る傾向があるかもしれない。

　認知症の人と家族の会の支部の多くは，①の傾向が強いであろう。現実には，さまざまな支部があると思われる。有給の専任スタッフがいて，積極的に活動を進めている支部もあるだろう。そこでは，他の支部と比べても，より積極的な介護者支援が行うことができているのではないだろうか。

　もしも行政が，認知症の人と家族の会に，介護者支援に対する一定の役割を期待するなら，行政は，専任スタッフの人件費に対する助成を検討するべきだと思う。その場合，家族の会は，さまざまなプログラムを自前でつくりあげてゆく力量のあるスタッフを選ぶ必要がある。そして，スタッフの創意工夫を活かせるような環境をつくるべきである。

　地域包括支援センターは，②の傾向が強いであろう。ボランティアの協力があったとしても，限定的であると考えられる。しかし，今後，地域包括支援センターでも，ボランティアに積極的に関わってもらうという可能性は，ありうるのではないか。そのことは，地域における包括的な"ネットワーク"をかたちづくるために，役立つであろう。

　認知症医療疾患センターはどうか。認知症疾患医療センターの活動にボランティアが関わるという考え方は，突飛な発想かもしれない。けれども，認知症疾患センターが，介護者支援の拠点として機能する可能性はある。その際に，介護者や専門職ボランティアなどの協力を得ることが，検討されてもよい。

　市町村保健センターや社会福祉協議会のなかには，ボランティアの協力を得

て，介護者支援に取り組んでいる場合も多いであろう。とくに，市町村の規模が比較的小さい場合，ボランティアとともに，介護者支援を"手づくり"しやすいと思われる。専門職ボランティアや介護者を含む地域の人々の"力"を借りることができたなら，保健福祉の活動は，さらに"彩り"のあるものとなりうる。

今後，ボランティアが協力しやすい環境をつくっていくことは，意味がある。その際，物理的な環境も重要である。ボランティアが作業をしたりお茶を飲んだりして，長く過ごすことができるスペースも必要である。ボランティアの"居場所"をつくることである。専任スタッフとボランティアとの協働を実り多いものとするためには，その協働の場の建築学的な検討も必要であろう。

［3］人生の"道筋"の形成

介護者の人生にとって，"介護"に関わることは，どんなことを意味するだろうか。サービス従事者の場合は，"介護"を職業として，自分で選んでいる。家族介護者の場合は，家族が介護を必要とする状態となったがために，"介護"の役割を担うことになる。必ずしも自分で選んだわけではない。

人生の途上での"介護"というできごと（ライフ・イベント）は，家族介護者に対して，さまざまなマイナスの影響を及ぼしうる。収入が減ったり，職を失ったりする。結婚できなくなったり，子育てに影響したりする。自分自身の心身の健康を損ねる場合がある。友だちと会ったり，趣味を楽しんだりする時間が制限される。これらの影響をひとことでいえば，「社会的排除」という言葉でさえ表現しうる［阿部 2007］。

たしかに"介護"は，家族介護者の人生にさまざまな"影"を落としうる。しかし，"介護"という人生上のできごとを1つの資源として，自分自身の人生を創造してゆくという可能性もある。"介護"の役割を引き受けたからこそ，味わうことのできる体験や出会いがある。介護生活に，人生を豊かにしてくれる体験を見出すことは，可能である。さらに，介護生活の先にも，"介護"の経験を活かした活動をする可能性もある。

介護を担っている時期に，介護者はさまざまな体験をしうる。たとえば，介護者同士の話し合いは，介護の工夫を教え合い，困難を共感し合う，心を豊かにするひとときである。介護を通して身につけた"技術"は，自分自身の人生を生きるうえでも役立ちうる。日々の生活に"楽しさ"を見出すこと。"いらいら"をコントロールできること。自分の思いを落ち着いて相手に伝えること。これらは，"介護"以外の生活に必要な"力"でもある。

　介護の役割を終えた後にできることの1つは，介護者を助ける活動である。自分自身が介護の経験をもっていることは，介護者を支援する際に役立ちうる。もちろん，すべての人がボランティアをしなければならないわけではない。けれども，その気持ちをもった時に，活動の場があるとよい。

　たとえば，認知症の人と家族の会で，何らかの活動に参加することができる。サービス従事者として介護に関わってきた人も同様である。退職後に，その経験を活かす可能性が，認知症の人と家族の会にはある。ボランティアが活躍するステージとして，家族の会の重要性は，さらに増すであろう。また，家族の会以外にも，前述したさまざまな機関を含めて，ボランティアが活躍するステージが用意されてゆくとよい。

　介護生活の途上にも介護生活の先にも，意味のある体験が待っている。将来に向けたこのような時間的展望は，介護者が獲得しうる人生の"道筋(pathways)"の存在を示している。その道筋は，少し長いデコボコ道かもしれない。けれども介護者には，介護の肯定的側面を味わい，人生を豊かにするチャンスがある。ボランティアのためのステージを形成することは，介護者が生きうる"道筋"をつくり出し，支えるものとなるであろう[3]。

1) [デュルケーム 1924＝1985：118] より。
2) 全国本部で，サービス従事者向けの教育プログラムが作成されている [Gould and Reed 2009]。
3) この段落の記述は，次の文献を参考にしている。[藤村 2007]，[プラース 1980＝1985]。

参 考 文 献

阿部彩［2007］「現代日本の社会的排除の現状」福原宏幸編『社会的排除／包摂と社会政策』法律文化社，129‐152頁。
阿部隆博［2006］「他職種との連携で認知症高齢者の生活を支える」『月刊ケアマネジメント』17(7)，20‐22頁。
粟田主一・佐野ゆり・福本恵［2010］「一地方都市における地域包括支援センターの認知症関連業務の実態」『老年精神医学雑誌』21，356‐363頁。
ブライデン，C.（馬籠久美子・桧垣陽子訳）［2004＝2005］『私は私になっていく—痴呆とダンスを』かもがわ出版。
出貝裕子・勝野とわ子［2007］「介護老人保健施設における認知症高齢者のagitationと騒音レベルの関連」『老年看護学』12(1)，5‐12頁。
デュルケーム，E.（佐々木交賢訳）［1924＝1985］『社会学と哲学』恒星社厚生閣。
海老原英子［2009］「BPSDに対処する」『地域保健』40(8)，44‐49頁。
遠藤史子・芝野松次郎［1998］「老人保健施設における頻回な要求行動を示す高齢者に対する行動療法—刺激統制法とディファレンシャルアテンション法（DA法）に基づく環境変容の効果」『行動療法研究』24(1)，1‐14頁。
藤本直規［2008］「早期認知症患者の外来診療—地域医療の視点から，もの忘れ外来の機能分担を見据えて」『老年精神医学雑誌』19，1068‐1081頁。
藤村正之［2007］「家族とライフコース」長谷川公一ほか編『社会学』有斐閣，345‐376頁。
藤崎宏子［2000］「家族はなぜ介護を囲い込むのか ネットワーク形成を阻むもの」副田義也・樽川典子編『流動する社会と家族Ⅱ 現代家族と家族政策』ミネルヴァ書房，141‐161頁。
藤沢嘉勝［2009］「認知症・BPSDへの新しいアプローチ」『漢方医学』33(4)，167‐171頁。
古瀬徹・高木邦明・中山慎吾ほか［2011］『認知症高齢者・家族への地域での対応・支援策に関する調査研究』平成22年度大学院プロジェクト研究報告書，鹿児島国際大学大学院福祉社会学研究科。
月刊ケアマネジメント編集部［2006］「認知症高齢者の現状と課題に対するケアマネジャーの意識調査」『月刊ケアマネジメント』17(10)，23‐25頁。
長谷川和夫［2008］「認知症ケアの理論」長田久雄編『認知症ケアの基礎知識』ワールドプランニング，1‐10頁。
八森淳［2009］「認知症 地域の他職種連携を考える」『Clinician』577，55‐60頁。
五十嵐透子［2001］『リラクセーション法の理論と実際』医歯薬出版。
井口高志［2010］「認知症をめぐる排除と包摂」藤村正之編『差別と排除の［いま］ 第4巻 福祉・医療における排除の多様性』明石書店，87‐122頁。

池田学・小嶋誠志郎［2010］「熊本県認知症疾患医療センターの取り組み」『老年精神医学雑誌』21，438‐443頁．
岩田泰夫［1994］『セルフヘルプ運動とソーシャルワーク実践 患者会・家族会の運営と支援の方法』やどかり出版．
勝田登志子［2009］「家族の負担を軽くするために」『地域保健』40(8)，36‐39頁．
加藤伸司［2008］「認知症の人の心理的特徴」長田久雄編『認知症ケアの基礎知識』ワールドプランニング，44‐58頁．
キットウッド，T.（高橋誠一訳）［1997＝2005］『認知症のパーソンセンタードケア—新しいケアの文化へ』筒井書房．
古谷野亘［2003］「サクセスフル・エイジング 1．幸福な老いの研究」古谷野亘・安藤孝敏編『新社会老年学 シニアライフのゆくえ』ワールドプランニング，141‐153頁．
久保紘章［2004］『セルフヘルプグループ—当事者へのまなざし』相川書房．
増田雅暢編［2008］『世界の介護保障』法律文化社．
松原三郎［2007］「認知症専門病棟における精神科救急医療と身体合併症医療」『老年精神医学雑誌』18，1176‐1183頁．
三原博光［2003］「高齢者に対する行動変容アプローチの実践と問題点」『行動療法研究』29(2)，133‐143頁．
三富紀敬［2010］『欧米の介護保障と介護者支援—家族政策と社会的包摂，福祉国家類型論』ミネルヴァ書房．
永田久美子［2009］「認知症対策でまちづくりを」『地域保健』40(8)，16‐23頁．
中山慎吾［2009a］「PESを用いた高齢者支援方法」『鹿児島国際大学福祉社会学部論集』28(1)，1‐15頁．
中山慎吾［2009b］「認知症高齢者の行動上の問題への対処方法—教育を通じた介護者支援プログラムの比較研究」『鹿児島国際大学大学院学術論集』1，83‐88頁．
中山慎吾［2011］「アメリカのアルツハイマー協会の支部における実践の特質—教育プログラムとサポートグループを中心に」『鹿児島国際大学大学院学術論集』29(4)，1‐15頁．
認知症介護研究・研修東京センター・認知症介護研究・研修大府センター・認知症介護研究・研修仙台センター編［2006］『改訂 認知症の人のためのケアマネジメント—センター方式の使い方・活かし方』中央法規出版．
岡知史［2009］「自助グループを活用した相談援助」社会福祉士養成講座編集委員会編『相談援助の理論と方法 Ⅱ』中央法規，63‐71頁．
大河内浩人［2007］「行動分析の基礎知識」大河内浩人・武藤崇編『心理療法プリマーズ 行動分析』ミネルヴァ書房，3‐12頁．
パルマー，P.（eqPress訳）［1977＝1994］『ネズミと怪獣とわたし—やってみよう！ アサーティブトレーニング』出版工房原生林．
プラース，D.W.（井上俊・杉野目康子訳）［1980＝1985］『日本人の生き方』岩波書店．
ランメロ，J.・トールニケ，N.（武藤崇・米山直樹監訳）［2008＝2009］『臨床行動分析のABC』日本評論社．

参考文献

笹谷春美［2005］「高齢者介護をめぐる家族の位置―家族介護者視点からの介護の『社会化』分析」『家族社会学研究』16(2), 36‒46頁。
佐藤アキ［2009］「医療と介護の協働をどう進めるか」『地域保健』40(8), 30‒35頁。
下村春美［2009］「『忘れてもあちこたねえ　地域で支える安心ネット』を構築―新潟県魚沼市の取り組み」『地域保健』40(8), 56‒63頁。
白澤政和［2004］「認知症高齢者にとっての社会資源とは」日本認知症ケア学会編『認知症ケア標準テキスト　認知症ケアにおける社会資源』ワールドプランニング, 17‒24頁。
袖井孝子［1981］「社会老年学の理論と定年退職」副田義也編『社会老年学Ⅰ　老年世代論』垣内出版, 102‒140頁。
高木邦明［2011］「認知症高齢者『トータル支援パス』の基本的視点と試行・課題」古瀬徹ほか『認知症高齢者・家族への地域での対応・支援策に関する調査研究』鹿児島国際大学大学院福祉社会学研究科, 22‒33頁。
高島久美子［2009］「神経ネットワークから学んだ町の組織づくり　ポンポコリン勉強会からプロジェクト若狭へ　福井県若狭町の取り組み」『地域保健』40(8), 64‒71頁。
谷口政春［2003］「『見守りの介護』がピンチをチャンスに変えてくれた」(http://www.jinken.ne.jp/aged/taniguchi, 2011.5.09)。
東京都社会福祉協議会［2004］『要支援・軽度の要介護者に必要な介護等サービスに関する本人アンケート調査報告書』東京都社会福祉協議会。
津田耕一［2003］「ソーシャルワークにみる行動療法アプローチの意義」『行動療法研究』29(2), 119‒131頁。
内海久美子［2010］「認知症疾患医療センターの役割と課題―地域連携の実践の立場から」『老年精神医学雑誌』21, 432‒437頁。
山下功一・天野直二［2008］「BPSDとその対応」日本認知症学会編『認知症テキストブック』中外医学社, 70‒80頁。
吉野俊彦［2007］「随伴性制御―結果によってその後の行動は決まってくる」大河内浩人・武藤崇編『心理療法プリマーズ　行動分析』ミネルヴァ書房, 13‒27頁。
和田健二・中島健二［2008］「認知症の概念・定義」日本認知症学会編『認知症テキストブック』中外医学社, 8‒14頁。

Alzheimer's Association［2003］Groups Provide an Oasis of Support, *Advances*, 23(2), 1‒11.
───［2008］*About Us : Milestones*（*Last updated in 2008*）.（http://www.alz.org/about_us_milestones.asp, 2010.3.10）
───［2010］*About Us.*（http://www.alz.org/about_us_about_us_.asp, 2010.3.10）
───［2011］*2011 Alzheimer's Disease Facts and Figures*, Alzheimer's Association National Office.
Alzheimer's Association St. Louis Chapter［2002］*Education Calendar : July-December 2002.*

―――― [2003a] *Chapter Services.*
―――― [2003b] *Education Calendar for Families & Communities : July-December 2003.*
―――― [2008a] *Support Groups.* (http://www.alz.org/stl/in_my_community_support.asp, 2008.2.25)
―――― [2008b] *Education Programs.* (http://www.alz.org/stl/in_my_community_education.asp, 2008.2.25)
―――― [2008c] *2007 Annual Report.* (http://www.alz.org/stl/documents/Annual_Report.pdf, 2010.3.10)
―――― [2009a] *Volunteer Update : April, May, June 2009.* (http://www.alz.org/stl/documents/Update_4 - 09.pdf, 2010.3.10)
―――― [2009b] *Spotlight Volunteer : Sandy Jaffe.* (http://www.alz.org/stl/documents/Sandy_Jaffe.pdf, 2010.3.10)
―――― [2010a] *About Our Chapter.* (http://www.alz.org/stl/in_my_community_about.asp, 2010.3.10)
―――― [2010b] *Volunteer Opportunities.* (http://www.alz.org/stl/documents/Volunteer_Opportunities.pdf 2010.3.10)
―――― [2011a] *Support Groups.* (http://www.alz.org/stl/in_my_community_support.asp, 2011.5.14)
―――― [2011b] *Education Programs.* (http://www.alz.org/stl/in_my_community_education.asp, 2011.5.14)
―――― [2011c] *Professional Training.* (http://www.alz.org/stl/in_my_community_professionals.asp, 2011.4.23)
Athlin, E. and Norberg, A. [1987] Interaction between the severely demented patients and his caregiver during feeding: A theoretical model, *Scandinavian Journal of Caring Science*, 3(3 - 4), 117 - 123.
Beard, R. L. [2004] Advocating voice: Organizational, historical and social milieux of the Alzheimer's disease movement, *Sociology of Health & Illness*, 26(6), 797 - 819.
Baltes, P. B. [2006] Facing our limits: Human dignity in the very old, *Daedalus*, 135(1), 32 - 39.
Cohen-Mansfield, J. [2001] Nonpharmacologic interventions for inappropriate behaviors in dementia: A review, summary, and critique, *American Journal of Geriatric Psychiatry*, 9(4), 361 - 381.
Collins, I. B., Burgio, L. D., Wharton, T. et al. [2004] *The Alabama REACH Project : Case Worker Training Manual*, University of Alabama.
Coon, D. W., Dhurgot, G. R., Gillispie, Z. et al. [2007] Cognitive-behavioral group interventions, In Gabbard, G. O., Beck, J. S. and Holmes J. (eds.), *Oxford Textbook of Psychotherapy*, Oxford University Press, 45 - 55.
Freund, A. M. and Baltes, P. B. [2002] The adaptiveness of selection, optimization, and

compensation as strategies of life management: Evidence from a preference study of proverbs, *Journals of Gerontology*, 57B(5), 426 – 434.

Fuchs, M. [2001, Jun. 9] Group struggles to come to terms with illness, *New York Times (Late Edition (East Coast))*, pg. B. 1.

Gant, J. R., Steffen, A. M., Silberbogen, A. K. et al. [2001] *The Dementia Caregiving Skills Program : Reducing Stress and Enjoying Time with Your Family Member, Coach Manual*, University of Missouri-St. Louis.

Garden View Care Center [2011] *Support Group Meetings*. (http://www.gvcc.com/2010/index-4.php, 2011.1.20)

Gould, E. and Reed, P. [2009] Alzheimer's association quality care campaign and professional training initiatives: Improving hands-on care for people with dementia in the U. S. A., *International Psychogeriatrics*, (21) S.1, S.25 – 33.

Greene, R. C. [2008] Case Example: Applying RE-AIM to a Caregiving Program. In Centers for Disease Control and Prevention and the Kimberly-Clark Corporation (eds.), *Assuring Healthy Caregivers : A Public Health Approach to Translating Research into Practice*, Kimberly-Clark Corporation, 31 – 40.

Kleiber, D., McGuire, F. A., Aybar-Damali, B. et al. [2008] Having more by doing less: The paradox of leisure constraints in later life, *Journal of leisure research*, 40(3), 343 – 359.

Kwasky, A. N., Harrison, B. E. and Whall, A. L. [2010] Quality of life and dementia: An integrated review of literature, *Alzheimer's Care Today*, 11(3), 186 – 195.

Lemon, B. W., Bengtson, V. L. and Peterson, J. A. [1972] An exploration of the activity theory of aging: Activity types and life satisfaction among in-movers to a retirement community, *Journal of Gerontology*, 27(4), 511 – 523.

Lewinsohn, P. M. and Graf, M. [1973] Pleasant activities and depression. *Journal of Consulting and Clinical Psychology*, 41(2), 261 – 268.

Lewinsohn, P. M. and MacPhillamy, D. J. [1974] The relationship between age and engagement in pleasant activities, *Journal of Gerontology*, 29(3), 290 – 294.

Lewinsohn, P. M., Munoz, R. F., Youngren, M. A. et al. [1986] *Control Your Depression*, Prentice Hall.

Logsdon, R. G. and Teri, L. [1997] The peasant events schedule-AD: Psychometric properties and relationship to depression and cognition in alzheimer's disease Patients, *Gerontologist*, 37(1), 40 – 45.

Logsdon, R. G., Teri, L., McCurry, S. et al. [1998] Wandering: A significant problem among community-residing individuals with alzheimer's disease, *Journals of Gerontology*, 53B(5), 294 – 299.

Logsdon, R. G. [2008] *Alzheimer's Disease and Behavior*. (http://faculty.washington.edu?logsdon/orcas/sld001.htm, 2008.2.28)

Longino Jr., F. L. and Kart, C. S. [1982] Explicating activity theory: A formal replication, *Journal of Gerontology*, 37(6), 713 - 722.

MacPhillamy, D. J. and Lewinsohn, P. M. [1982] The pleasant events schedule: Studies on reliability, validity, and scale intercorrelation, *Journal of Consulting and Clinical Psychology*, 50(3), 363 - 380.

McCurry, S. M. [2006] *When a Family Member Has Dementia : Steps to Becoming a Resilient Caregiver*, Praeger Publishers.

Meeks, S., Teri, L., Van Haitsma K. et al. [2006] Increasing pleasant events in the nursing home: Collaborative behavioral treatment for depression, *Clinical Case Studies*, 5(4), 287 - 304.

Missouri Coalition of Alzheimer's Association Chapters [2003] *Train the Trainer : Building Creative Caregivers*, Author.

Moos, I. and Björn, A. [2006] Use of the life story in the institutional care of people with dementia: A review of intervention studies, *Aging and Society*, 26, 431 - 454.

Morrow-Howell, N., Hinterlong, J., Rozario, P. A. et al. [2003] Effects of volunteering on the well-Being of older adults, *Journal of Gerontology : SOCIAL SCIENCES*, 58b(3), S.137 - S.145.

Norberg, A. and Athlin, E. [1987] The interaction between the parkinsonian patient and his caregiver during feeding, *Journal of Advanced Nursing*, 12, 545 - 550.

REACH II Investigators [2002] *Reach II : Manual of Operations for Intervention-Volume 1*, Author.

RERC-ACT [2010] *RERC-ACT Personnel*, Rehabilitation Engineering Research Center for the Advancement of Cognitive Technologies. (http://rerc-act.org/AboutUs/index.cfm?page=PersonnelMain, 2010.3.11)

Rider, K. L., Gallagher-Thompson, D. and Thompson, L. W. [2004] *California Older Person's Pleasant Events Schedule : Manual (Beta 0.1 Draft)*, Author.

Schulz, R., Burgio, L., Burns, R. et al. [2003]. Resources for enhancing alzheimer's caregiver health (REACH): Overview, site-specific outcomes, and future directions, *Gerontologist*, 43(4), 514 - 520.

Schell, E. S. and Kayser-Jones, J. [1999] The effect of role-taking ability on caregiver-resident mealtime interaction, *Applied Nursing Research*, 12(1), 38 - 44.

Sherer, J. L. [1995] An Interview with Jerome H. Stone, founder and honorary chairman of the alzheimer's association, *Trustee*, 48(6), 15.

Southeast Missourian [1992] Alzheimer's families form support group, *Southeast Missourian*, 15.

Ste. Genevieve Herald [2010, Mar. 10] Local alzheimer's disease support group offers resources for patients and families, *Ste. Genevieve Herald*, 129(7).

Steffen, A. M., Tebb, S. and McGillick, J. [1999] How to cope: Documenting the changing information needs of alzheimer's caregivers, *American Journal of Alzheimer's Disease*, 14(5), 262 – 269.

Steffen, A. M., Gant, J. R., Coon, D. W. et al. [2001] *The Dementia Caregiving Skills Program, Video Series and Participant Manual*, University of Missouri-St. Louis.

Steffen, A. M., McKibbin, C., Zeiss, A. M. et al. [2002] The revised scale for caregiving self-efficacy: Reliability and validity studies, *Journals of Gerontology*, 57B(1), 74 – 86.

Steffen, A. M., Gant, J. R. and Gallagher-Thompson, D. [2008] Reducing psychosocial distress in family caregivers, In Gallagher-Thompson, D., Steffen, A. M. and Thompson, L. W. (eds.) *Handbook of Behavioral and Cognitive Therapies with Older Adults*, Springer, 102 – 117.

Suburban Journals of Greater St. Louis. [2009, Aug. 25] Monroe County: Alzheimer's 'In the Moment' Meets Thursday, *Suburban Journals of Greater St. Louis*.

Teri, L. and Lewinsohn, P. M. [1982] Modification of the pleasant and unpleasant events schedules for use with the elderly, *Journal of Consulting and Clinical Psychology*, 50(3), 444 – 445.

Teri, L. and Uomoto, J. M. [1991] Reducing excess disability in dementia patients: Training caregivers to manage patient depression, *Clinical Gerontologist*, 10(4), 49 – 63.

Teri, L. and Logsdon, R. G. [1991]. Identifying pleasant activities for alzheimer's disease patients: The pleasant events schedule-AD, *Gerontologist*, 31(1), 124 – 127.

Teri, L., Logsdon, R. G., Uomoto, J. M. et al. [1997] Behavioral treatment of depression in dementia patients: A controlled clinical trial, *Journals of Gerontology*, 52B(4), 159 – 166.

Teri, L. and Huda, P. [2004] *STAR : Staff Training in Assisted Living Residences, Training Manual (4th edition)*, University of Washington.

Teri, L., Huda, P., Gibbons, L. et al. [2005] STAR: A dementia-specific training program for staff in assisted living residences, *Gerontologist*, 45(5), 686 – 693.

Van Ort, S. and Phillips, L. R. [1992] Feeding nursing home residents with alzheimer's disease, *Geriatric Nursing*, 13(5), 249 – 253.

Vladeck, F. [2008] Naturally occurring retirement communities: An interview with Fredda Vladeck, *Designer/builder*, January/February 2008, 43 – 47.

Williams, E. and Barton, P. [2003] Successful support groups for African American caregivers, *Generations*, 27(4), 81 – 83.

■ 著者紹介

中山　慎吾（なかやま・しんご）

1963年　福島県郡山市生まれ
1986年　筑波大学第二学群比較文化学類卒業（現代思想学主専攻）
1991年　筑波大学大学院博士課程社会科学研究科修了（社会学博士）
1991〜1994年　筑波大学社会科学系技官・助手
1994〜2000年　鹿児島経済大学（現・鹿児島国際大学）社会学部専任講師
2000〜2010年　鹿児島国際大学福祉社会学部助教授・准教授
2002〜2003年　セントルイス・ワシントン大学ソーシャルワーク大学院客員研究員
2010年　鹿児島国際大学福祉社会学部教授（現在に至る）
　　　　高齢者福祉論，社会学概論担当

主な著書・論文

『地域文化と福祉サービス』（分担執筆，日本経済評論社，2001年）
"Long-Term Care Insurance in Japan"（共著，Journal of Aging & Social Policy, Vol.17(3), 2005年）
「訪問介護事業所におけるサービス提供責任者の学習ニーズ」（共著，『社会福祉学』50巻2号，2009年）

Horitsu Bunka Sha

2011年9月25日　初版第1刷発行

認知症高齢者と介護者支援

著　者　中　山　慎　吾
発行者　田　靡　純　子

発行所　株式会社　法律文化社
〒603-8053　京都市北区上賀茂岩ヶ垣内町71
電話 075(791)7131　FAX 075(721)8400
URL:http://www.hou-bun.com/

Ⓒ2011 Shingo Nakayama Printed in Japan
印刷：共同印刷工業㈱／製本：㈱藤沢製本
装幀　奥野　章
ISBN978-4-589-03364-2

倉田康路・滝口 真監修／高齢者虐待防止ネットワークさが編著
高齢者虐待を防げ
――家庭・施設・地域での取り組み――
A 5 判・184頁・2310円

高齢者介護にかかわってきた家族や介護従事者，民生委員など当事者への調査をもとに，高齢者虐待の実態と課題を明らかにする。虐待防止・発見のための各人の役割と，地域ネットワークの構築を提示する。

滝口 真・福永良逸編著
障 害 者 福 祉 論
――障害者に対する支援と障害者自立支援制度――
A 5 判・232頁・2835円

理論と実践から本質に迫り，今日の到達点と全体像を鳥瞰する。新カリに対応した「思想・歴史」「政策・制度」「実践」の 3 部構成で，人権擁護思想の視点から市民による共生社会の実現を提唱する。

安達笙子・岡田洋一編著
保健医療サービスとソーシャルワーク
A 5 判・174頁・2730円

サービスの全体像を理解し，現場で活かせる／活かすソーシャルワーカーになるための基本的知識と技術，専門家としての視点を説く。医療・精神・介護SWを軸に，地域の諸機関の連携によるサービス体制の構築を提案する。

井上英夫・川﨑和代・藤本文朗・山本 忠編著
障害をもつ人々の社会参加と参政権
A 5 判・214頁・2100円

障害のある人とない人の参加と連帯の書。障害種別に歴史と現状を検証し，法改正や福祉サービス改善など具体的な政策を提起。運動のあり方や情報科学技術の活用にも論及。法律と福祉を架橋し，バリアフリー社会をめざす。

神野直彦・山本 隆・山本惠子編著
社会福祉行財政計画論
A 5 判・250頁・2730円

危機の福祉をいかにたて直すか。「 3 つの政府」体系構想を軸に福祉サービスと財政を考える。福祉行財政の実施体制や実際を概観し，計画を支える理念や目的を解説。領域別の具体事例を参考に政策力・計画力を養う。

埋橋孝文著［社会保障・福祉理論選書］
福祉政策の国際動向と日本の選択
――ポスト「三つの世界」論――
A 5 判・226頁・3360円

エスピン・アンデルセン後の動向を検討し，新しい政策論を提示する。南欧，アジアの政策の考察や「雇用と福祉の関係の再編」に注目し，日本の位置確認と政策論議の場を提供。本書に関する文献レビュー付。

――― 法律文化社 ―――

表示価格は定価（税込価格）です